ICMS VERDE, FUNDOS MUNICIPAIS E POLÍTICAS AMBIENTAIS

IRACEMA TEIXEIRA VIEIRA

Prefácio
Lise Tupiassu

Apresentação
Mara Lucia Barbalho da Cruz

ICMS VERDE, FUNDOS MUNICIPAIS E POLÍTICAS AMBIENTAIS

Belo Horizonte

2023

© 2023 Editora Fórum Ltda.

É proibida a reprodução total ou parcial desta obra, por qualquer meio eletrônico, inclusive por processos xerográficos, sem autorização expressa do Editor.

Conselho Editorial

Adilson Abreu Dallari
Alécia Paolucci Nogueira Bicalho
Alexandre Coutinho Pagliarini
André Ramos Tavares
Carlos Ayres Britto
Carlos Mário da Silva Velloso
Cármen Lúcia Antunes Rocha
Cesar Augusto Guimarães Pereira
Clovis Beznos
Cristiana Fortini
Dinorá Adelaide Musetti Grotti
Diogo de Figueiredo Moreira Neto (*in memoriam*)
Egon Bockmann Moreira
Emerson Gabardo
Fabrício Motta
Fernando Rossi
Flávio Henrique Unes Pereira

Floriano de Azevedo Marques Neto
Gustavo Justino de Oliveira
Inês Virgínia Prado Soares
Jorge Ulisses Jacoby Fernandes
Juarez Freitas
Luciano Ferraz
Lúcio Delfino
Marcia Carla Pereira Ribeiro
Márcio Cammarosano
Marcos Ehrhardt Jr.
Maria Sylvia Zanella Di Pietro
Ney José de Freitas
Oswaldo Othon de Pontes Saraiva Filho
Paulo Modesto
Romeu Felipe Bacellar Filho
Sérgio Guerra
Walber de Moura Agra

CONHECIMENTO JURÍDICO

Luís Cláudio Rodrigues Ferreira
Presidente e Editor

Coordenação editorial: Leonardo Eustáquio Siqueira Araújo
Aline Sobreira de Oliveira

Rua Paulo Ribeiro Bastos, 211 – Jardim Atlântico – CEP 31710-430
Belo Horizonte – Minas Gerais – Tel.: (31) 99412.0131
www.editoraforum.com.br – editoraforum@editoraforum.com.br

Técnica. Empenho. Zelo. Esses foram alguns dos cuidados aplicados na edição desta obra. No entanto, podem ocorrer erros de impressão, digitação ou mesmo restar alguma dúvida conceitual. Caso se constate algo assim, solicitamos a gentileza de nos comunicar através do *e-mail* editorial@editoraforum.com.br para que possamos esclarecer, no que couber. A sua contribuição é muito importante para mantermos a excelência editorial. A Editora Fórum agradece a sua contribuição.

Dados Internacionais de Catalogação na Publicação (CIP) de acordo com ISBD

V658i	Vieira, Iracema Teixeira ICMS verde, fundos municipais e políticas ambientais / Iracema Teixeira Vieira. Belo Horizonte: Fórum, 2023. 134 p. 14,5x21,5 cm ISBN 978-65-5518-546-1 1. Políticas ambientais. 2. ICMS verde. 3. Federalismo fiscal. 4. Fundos municipais de meio ambiente. 5. Desmatamento. 6. Lei nº 7.638/2012. I. Título. CDD: 344.046 CDU: 349.6

Ficha catalográfica elaborada por Lissandra Ruas Lima – CRB/6 – 2851

Informação bibliográfica deste livro, conforme a NBR 6023:2018 da Associação Brasileira de Normas Técnicas (ABNT):

VIEIRA, Iracema Teixeira. ICMS verde, fundos municipais e políticas ambientais. Belo Horizonte: Fórum, 2023. 134 p. ISBN 978-65-5518-546-1.

Dedico esta obra aos meus amores Bruno Soeiro Vieira (meu companheiro de vida e grande incentivador), ao meu filho, Caio, e minhas filhas, Vitória e Bruna (amor incondicional), e aos amores que partiram para o outro lado da vida, cujos incentivos continuam presentes em minha jornada: Rosa Maria Soeiro Vieira (minha querida sogra) e Francisco Melo, Germano Marques e João Osvaldo (que me acolheram como filha e foram meus amigos nas horas em que mais precisei). Gratidão eterna!

AGRADECIMENTOS

A Deus, divindade por vezes abstrata, mas concreta em meu cotidiano.

À minha mãe, Iracy Teixeira, e ao meu pai, Pedro Teixeira (*in memoriam*), às minhas irmãs/amigas, Iraneide e Ana Célia, aos irmãos/amigos, Roberto, Neto, Pedro e Paulo, e ao irmão/cunhado Rodolfo por estarem sempre ao meu lado.

Às amigas/irmãs Ana Rosa, Elcira, Marluce, Valéria, Zulene, por sempre estarem ao meu lado, torcendo pelo meu sucesso.

Ao Programa de Pós-Graduação em Direitos Humanos da Universidade Federal do Pará, pela excelência do quadro docente, que nos faz repensar sobre diferentes aspectos relativo aos direitos humanos, permitindo-nos contribuir com a sociedade de modo mais qualificado.

À Professora Doutora Lise Tupiassu, mestre de excelência, que acompanhou o desenvolvimento deste trabalho, no âmbito do Programa de Pós-Graduação em Direitos Humanos da Universidade Federal do Pará.

Ao Tribunal de Contas dos Municípios do Estado do Pará (TCM-PA), casa acolhedora onde exerço minhas atividades de servir ao público com muito respeito e dedicação.

À Conselheira Mara Lúcia Barbalho da Cruz, Presidente do TCM-PA no biênio 2021/2022, e aos demais Conselheiros e Conselheiras, pelo incentivo e apoio ao meu desenvolvimento enquanto pesquisadora.

À Conselheira-Substituta Adriana Oliveira, amiga com quem o TCM-PA me presenteou, pessoa que tem sempre a palavra certa e o acolhimento carinhoso nas horas de aflições, seja profissional ou pessoal.

Aos colegas, amigas e amigos do TCM-PA, que de certa forma contribuíram para a realização desta obra, em especial Fabiane Brito, Camila Carreira, Carmem Lopes, Cyntia Chaves, Márcia Gama, Valdemar de Jesus, Rita Libório, Miryam Valente, Felipe Souza, Silvia Miralha, Mário Hermes, Brenda Oliveira, todos os colegas da Diretoria de Planejamento, Assessoramento, Monitoramento, Fiscalização e Controle Externo (DIPLAMFCE), sobretudo aos colegas da Coordenação Especializada em Meio Ambiente, Mineração, Urbanismo e Obras Públicas pela amizade e pelo incentivo.

Aos servidores da Secretaria de Estado de Meio Ambiente e Sustentabilidade (SEMAS), em especial ao Renato Chaves e à Letícia Borges, por me subsidiaram com informações técnicas. Aos servidores e gestores públicos dos municípios que contribuíram com este trabalho.

LISTA DE ABREVIATURAS E SIGLAS

AD – Área Degradada
APP – Área de Preservação Permanente
ANM – Agência Nacional de Mineração
CAR – Cadastro Ambiental Rural
CFEM – Compensação Financeira pela Exploração de Recursos Minerais
CIDE – Contribuições de Intervenção no Domínio Econômico
CMMA – Conselho Municipal de Meio Ambiente
CNPJ – Cadastro Nacional da Pessoa Jurídica
COFINS – Contribuição para Financiamento da Seguridade Social
CRFB – Constituição da República Federativa do Brasil
CTN – Código Tributário Nacional
EC – Emenda Constitucional
FMMA – Fundo Municipal de Meio Ambiente
IBASE – Instituto Brasileiro de Análises Sociais e Econômicas
IBGE – Instituto Brasileiro de Geografia e Estatística
ICMS – Imposto sobre Circulação de Mercadorias e Prestação de Serviços de transporte interestadual e intermunicipal e comunicação
IMAZON – Instituto do Homem e Meio Ambiente da Amazônia
IN FRB – Instrução Normativa da Receita Federal do Brasil
IPI – Imposto sobre os Produtos Industrializados
IPVA – Imposto sobre a Propriedade de Veículo Automotor
LC – Lei Complementar
LDO – Lei de Diretrizes Orçamentárias
LOA – Lei Orçamentária Anual
MMA – Ministério do Meio Ambiente
ODS – Objetivos de Desenvolvimento Sustentável
PEC – Proposta de Emenda à Constituição
PIS – Programas de Integração Social e de Formação do Patrimônio do Servidor Público
PM – Prefeitura Municipal
PSA – Pagamento por Serviços Ambientais
PNMA – Política Nacional de Meio Ambiente
PPA – Plano Plurianual
PPCAD – Plano de Prevenção, Controle e Alternativas ao Desmatamento
PPCAD/PA – Plano de Prevenção, Controle e Alternativas ao Desmatamento do Estado do Pará

SAD	–	Sistema de Alerta do desmatamento
SEFA	–	Secretaria de Estado de Fazenda
SEMAS	–	Secretaria de Estado de Meio Ambiente e Sustentabilidade
SINIMA	–	Sistema Nacional de Informações sobre o Meio Ambiente
SISNAMA	–	Sistema Nacional de Meio Ambiente
SPE	–	Sistema de Processo Eletrônico
STF	–	Supremo Tribunal Federal
STN	–	Secretaria do Tesouro Nacional
TCM-PA	–	Tribunal de Contas dos Municípios do Estado do Pará
TCU	–	Tribunal de Contas da União
UNICAD	–	Cadastro Único
VAF	–	Valor Adicionado Fiscal

LISTA DE FIGURAS

Figura 1 – Mesorregião sudeste do Pará 78
Figura 2 – Nova configuração territorial dos municípios que pertenciam à mesorregião sudeste do Pará 80
Figura 3 – Destinação do ICMS Verde aos FMMAs e outras políticas públicas (2014 a 2018) 104
Figura 4 – Principais despesas executadas acumuladas de 2018 pelos FMMAs 116
Figura 5 – Despesa executada *versus* valor recebido pelo FMMA (2018) .. 117
Figura 6 – Despesa executada *versus* valor recebido de ICMS Verde pelo município (2018) 118

LISTA DE QUADROS

Quadro 1 – Destinação de um quarto do ICMS antes e depois do ICMS Verde 48

Quadro 2 – *Ranking* dos municípios críticos em desmatamento *versus* municípios com mais recursos do ICMS Verde (julho e novembro de 2019) 52

Quadro 3 – Municípios nas respectivas regiões geográficas intermediárias e imediatas 79

Quadro 4 – Diferença entre ano de criação *versus* ano de funcionamento dos FMMAs 82

LISTA DE TABELAS

Tabela 1 – Municípios prioritários (2017) e repasse do ICMS Verde (2018)	53
Tabela 2 – Municípios prioritários 2018 e repasse do ICMS Verde (2019)	54
Tabela 3 – Demonstrativo de FMMA em funcionamento de 2014 a 2018..	69
Tabela 4 – Municípios com FMMA até 2018	73
Tabela 5 – Municípios que instituíram leis de destinação do ICMS Verde	84
Tabela 6 – Percentual de repasse estabelecido nas leis de destinação do ICMS Verde ao FMMA	84
Tabela 7 – Percentual definido na lei de destinação *versus* percentual efetuado pela PM – 2015	85
Tabela 8 – Percentual definido na lei de destinação *versus* percentual utilizado pela PM – 2016	86
Tabela 9 – Percentual definido na lei de destinação *versus* percentual utilizado pela PM – 2017	86
Tabela 10 – Percentual definido na lei de destinação *versus* percentual utilizado pela PM – 2018	87
Tabela 11 – Percentual de repasse do ICMS Verde aos FMMAs – 2015 a 2016	89
Tabela 12 – Percentual de repasse do ICMS Verde aos FMMAs – 2017 a 2018	90
Tabela 13 – Valor fixado na LOA ao FMMA *versus* ICMS Verde repassado ao município em 2014	93
Tabela 14 – Valor fixado na LOA ao FMMA *versus* ICMS Verde repassado ao município em 2015	94
Tabela 15 – Valor fixado na LOA *versus* ICMS Verde repassado ao município em 2016	95
Tabela 16 – Valor fixado na LOA *versus* ICMS Verde repassado ao município em 2017	96
Tabela 17 – Valor fixado na LOA *versus* ICMS Verde repassado ao município em 2018	98
Tabela 18 – Repasse ICMS Verde: SEFA – PM *versus* PM – FMMA de 2014 a 2016	100
Tabela 19 – Repasse ICMS Verde: SEFA – PM *versus* PM – FMMA de 2017 a 2018	102

Tabela 20 – Repasse ICMS Verde: SEFA – PM *versus* PM – FMMA, acumulado de 2014 a 2018 103

Tabela 21 – Repasse da PM para o FMMA *versus* despesa executada pelo FMMA – 2015 105

Tabela 22 – Repasse da PM para o FMMA *versus* despesa executada pelo FMMA – 2016 106

Tabela 23 – Repasse da PM para o FMMA *versus* despesa executada pelo FMMA – 2017 107

Tabela 24 – Repasse da PM para o FMMA *versus* despesa executada pelo FMMA – 2018 108

Tabela 25 – Principais despesas executadas pelos FMMAs *versus* valor recebido da PM e ICMS Verde recebido pela PM – 2018 110

SUMÁRIO

PREFÁCIO
Lise Tupiassu 19

APRESENTAÇÃO
Mara Lucia Barbalho da Cruz 21

INTRODUÇÃO 23

CAPÍTULO 1
O ICMS VERDE NO CONTEXTO DO FEDERALISMO FISCAL 29
1.1   O federalismo fiscal e a importância do ICMS e do ICMS Verde aos municípios paraenses 30
1.2   O ICMS Verde e a proteção ambiental no federalismo fiscal 37
1.3   Pagamento por serviços ambientais e o ICMS Verde 41
1.4   Política do ICMS Verde e a lei adotada no estado do Pará 45

CAPÍTULO 2
FUNDO MUNICIPAL DE MEIO AMBIENTE E A (NÃO) VINCULAÇÃO DA RECEITA TRANSFERIDA DO ICMS VERDE 57
2.1   A problemática da vinculação de receitas tributárias a fundos .. 57
2.2   O comando normativo quanto à destinação do ICMS Verde paraense 64
2.3   A vinculação da receita transferida do ICMS Verde aos fundos de meio ambiente municipais 67

CAPÍTULO 3
A GESTÃO FINANCEIRA DOS FUNDOS DE MEIO AMBIENTE E O REPASSE DO ICMS VERDE AOS MUNICÍPIOS DA MESORREGIÃO SUDESTE DO PARÁ 71
3.1   Aspectos metodológicos da pesquisa e a mesorregião sudeste do Pará 72
3.2   Criação e operacionalização dos fundos municipais de meio ambiente 80

3.3	Ênfase da destinação do ICMS Verde ao fundo municipal de meio ambiente..	83
3.4	O ICMS Verde na lei orçamentária anual dos municípios...........	91
3.5	A execução orçamentária do ICMS Verde e as principais despesas dos fundos municipais de meio ambiente.....................	99

CONSIDERAÇÕES FINAIS 121

REFERÊNCIAS... 125

PREFÁCIO

A principal recompensa da docência é poder inspirar e se sentir inspirado por seres humanos que têm sede de saber. Iracema é um desses seres humanos iluminados que, além da sede de saber, utilizam o conhecimento para transformar a realidade, conferindo à vida acadêmica todo seu sentido e inspirando todos à sua volta.

Lembro de nossas primeiras conversas, nos idos de 2015, em que ela, ainda aspirando a uma vaga no mestrado, já demonstrava perseverança ao ter cursado Ciências contábeis e Direito, ao mesmo tempo que educava os filhos e ganhava destaque em suas funções no Tribunal de Contas dos Municípios.

O compromisso com a melhoria da aplicação do ICMS Ecológico no estado do Pará foi o mote para a redação desta obra, oriunda da dissertação de mestrado defendida pela autora, sob minha orientação, junto à Universidade Federal do Pará.

O ICMS Ecológico – ou ICMS Verde, como é conhecido pelos paraenses – é explorado nesta obra como instrumento do federalismo fiscal e pagamento por serviços ambientais.

A originalidade do trabalho reside, porém, na preocupação com o uso dos recursos do ICMS Verde por parte dos municípios, por meio dos respectivos Fundos Municipais de Meio Ambiente.

Utilizando grande rigor metodológico, a obra traz riqueza teórica, visão crítica e informações empíricas de extrema relevância para a compreensão do caminho percorrido pelos recursos. Isso permite vislumbrar quão necessária é a atenção a seu uso por parte dos governos locais e dos órgãos de controle.

O leitor tem em mãos, além de tudo, uma obra científica escrita com a visão e o sentimento de uma amazônida genuinamente preocupada em contribuir para a melhoria das condições de vida na região e cujas reflexões vêm gerando frutos concretos no controle da atividade financeira municipal.

Trata-se de um trabalho em evolução, o qual tive o privilégio de acompanhar. Sua leitura é essencial àqueles preocupados em obter o melhor que o ICMS Ecológico tem a oferecer.

Desejo a todos uma boa leitura!

Nova York, outubro de 2022.

Lise Tupiassu

Doutora em Direito Público pela Université Toulouse 1 – Capitole. Mestre em Direito Tributário pela Université Paris I – Panthéon-Sorbonne. Mestre em Instituições jurídico-políticas pela Universidade Federal do Pará (UFPA). Mestre em Direito Público pela Université de Toulouse I – Capitole. Membro do Women's Leadership Network Program – Columbia University. Professora e pesquisadora da UFPA e do Centro Universitário do Estado do Pará (CESUPA), Visiting Scholar na Columbia University e Procuradora Federal. Diretora da Clínica de Direitos Humanos da Amazônia (CIDHA), Pesquisadora associada do Laboratoire Caribeen des Sciences Sociais (CNRS-França) e responsável brasileira do Institut de Recherche en Sciences Sociales sur la Biodiversité Caraïbe-Amériques (IRN-IRCAB) e da Rede de Pesquisas internacional Junction Amazonian Biodiversity Units – Research Network Program (JAMBU-RNP).

APRESENTAÇÃO

Receber o convite para apresentar um livro é sempre, antes de tudo, uma grande honra. Também posso afirmar que pode ser uma enorme satisfação, sobretudo quando a temática abordada é de extrema relevância socioeconômica e sua redação tem estilo leve e agradável, sem deixar de apresentar rigor científico e dados úteis àqueles que usufruírem dessa leitura.

Assim, adianto aos leitores desta breve apresentação que esses dois sentimentos inundaram meu ser quando li o livro e agora redijo estas considerações sobre ele. Trata-se da obra *ICMS verde, fundos municipais e políticas ambientais*, de autoria de Iracema Teixeira Vieira, competente e dedicada Auditora de Controle Externo do Tribunal de Contas dos Municípios do Estado do Pará (TCM-PA) e, atualmente, doutoranda do Programa de Pós-Graduação stricto sensu em Direitos Fundamentais da Universidade Federal do Pará (PPGD/UFPA).

Como atual Presidente do TCM-PA, o convite representa uma honra redobrada, por ratificar minha avaliação sobre a autora, enquanto servidora do TCM-PA, e, ainda mais, por saber que a Corte de Contas está extremamente bem servida de técnicos qualificados e que conseguem desenvolver pesquisas científicas relevantes à sociedade, assim como nos auxiliam em nosso mister diário.

Trata-se de uma excelente obra, resultante da dissertação de Mestrado em Direitos Fundamentais na UFPA defendida pela autora e que se ampara em dois eixos de suma importância na atualidade e, em especial, ao debate sobre o modelo de desenvolvimento na Amazônia brasileira.

O primeiro eixo diz respeito à utilização do Imposto Sobre a Circulação de Mercadorias e Serviços (ICMS) na perspectiva ambiental, como meio de estimular os municípios paraenses a adotar medidas práticas voltadas à tutela ambiental em seus respectivos territórios, denominado de ICMS Verde, conforme a Lei nº 7.638/2012.

O outro pilar desta obra diz respeito ao funcionamento dos fundos públicos voltados à gestão dos recursos financeiros, necessários ao custeio e aos investimentos em política pública de proteção do meio ambiente, por parte dos municípios que recebem a cota-parte do ICMS Verde.

Desse modo, os dois eixos mencionados, inseridos originalmente no âmbito do direito tributário e financeiro, respectivamente, desembocam em um mesmo ponto, que é a política ambiental a ser executada pelos municípios paraenses e que, por seu turno, contribui para a concepção de desenvolvimento sustentável tão forte e amplamente consignada no ordenamento jurídico brasileiro.

No primeiro capítulo, a autora enfrentou as questões inerentes ao atual paradigma de federalismo fiscal e a importância do ICMS como via de equalização na repartição tributária no Brasil. Ademais, trouxe à baila a relevância do ICMS Verde como espécie de pagamento por serviços ambientais às municipalidades que tutelam o meio ambiente.

O segundo capítulo trata, de modo bem didático, da problemática da vinculação de receitas do ICMS Verde a fundos ambientais e das normas jurídicas que regulam o rateio e a utilização do ICMS Verde no estado do Pará.

O último capítulo aborda de que modo estão sendo geridos os fundos de meio ambiente dos municípios da mesorregião sudeste do Pará a partir da correlação da receita transferida a título de ICMS Verde e das despesas públicas durante a execução da política de proteção ambiental pelos municípios paraenses.

Enfim, com muita tranquilidade convido-os a ler este relevante livro, pois, enquanto leitora e agora responsável por esta apresentação, reafirmo que esta obra será uma importante referência a todos que estiverem pesquisando sobre ICMS Verde e a gestão de fundos ambientais municipais, assim como a quem, em suas tarefas profissionais, necessita entender as incoerências no modelo de federalismo fiscal atual e como ocorre o rateio do imposto, com destaque aos aspectos positivos dessa política, que visa contribuir com a tutela ambiental, além de demonstrar com clareza os equívocos existentes na legislação estadual que instituiu o ICMS Verde no estado do Pará.

Belém, outubro de 2022.

Mara Lucia Barbalho da Cruz
Conselheira-Presidente
Biênio 2021 a 2022
Tribunal de Contas dos Municípios do Estado do Pará

INTRODUÇÃO

"Liberam a floresta no Brasil pro 'agrobiz' e pra mineração, pra hidrelétrica, pra exploração, recompensando o crime ambiental, desregulando o clima mundial, negam ciência, incêndio e derrubada, negando, vão passando a boiada."[1] O trecho da música, tão atual, faz-nos lembrar que o desmatamento e as queimadas na Floresta Amazônica sempre foram temas de muitas preocupações de grande parcela da comunidade nacional e internacional. Contemporaneamente, essa apreensão não é diferente e se torna cada vez mais desafiadora para a sociedade civil e o Poder Público.

Nessa trilha de desafios, os instrumentos econômicos tornam-se grandes aliados na luta pela preservação, manutenção e conservação do bioma Amazônia e do meio ambiente como um todo. Em vista disso, o Imposto sobre Circulação de Mercadorias e Prestação de Serviços de Transportes Interestadual, Intermunicipal e de Comunicação (ICMS), na versão ecológica, socioambiental ou "verde", foi concebido com o objetivo de dar suporte a esse importante papel, que é contribuir para a proteção ambiental. O ICMS considerado um dos instrumentos econômicos de maior destaque na atualidade (MOURA, 2015).

Destaca-se que o ICMS, na concepção ambiental, não constitui novo imposto, pois não há que se falar em aumento da carga tributária aos contribuintes nem em ônus financeiro para os estados. Trata-se apenas de um redimensionamento dos critérios de repasse da cota-parte do imposto que cabe aos municípios, com destaque ao federalismo

---

[1] Trecho de "Canção pra Amazônia", letra de Carlos Rennó e música de Nando Reis. Interpretada por 31 artistas, trata-se de um manifesto em forma de música para alertar que a Floresta Amazônica está em crise. O clipe da canção e a letra completa podem ser visualizados em: https://youtu.be/yE1PENHOpDQ (acesso em: 9 maio 2023).

cooperativo, o qual está servindo de instrumento de política pública ambiental, por meio da transferência de recursos fiscais aos entes menores. O repasse tem a finalidade de compensar os municípios que abrigam, em seus territórios, unidades de conservação e outras áreas protegidas, bem como incentivá-los a cuidar, proteger e criar áreas de preservação ambiental, funcionando como uma espécie de Pagamento por Serviços Ambientais (PSA).

A citada política está fundamentada nos ditames constitucionais do art. 158, IV, parágrafo único, II, da Constituição da República Federativa do Brasil (BRASIL, 1988).

A história do ICMS Verde no Brasil iniciou-se na década de 1990, no Paraná, o primeiro estado a implementar a política. A partir de então, outros dezessete estados também criaram legislações, inclusive o Pará, que se fundamentou no dispositivo constitucional paranaense e na sua própria Constituição, que, no §2º do art. 225, assegura tratamento especial quanto ao crédito das parcelas da receita do ICMS aos municípios que tenham parte do território dedicada a unidades de conservação ambiental.

É importante ressaltar que o argumento mais forte que permeou a institucionalização da lei do ICMS Verde no estado do Pará foi a redução e o controle das taxas de desmatamento ilegal nos municípios. Esse controle surgiu como meta a ser alcançada dentro do Plano de Prevenção, Controle e Alternativas ao Desmatamento (PPCAD) do Governo Federal, cuja principal finalidade era reduzir progressivamente as taxas de desmatamento ilegal no estado e no bioma Amazônia.

Desse modo, com o objetivo de combater o desmatamento ilegal, tal política foi inserida no Plano de Prevenção como meta a ser cumprida até 2012. Assim, nasceu a política do ICMS na versão ambiental no estado, por meio da Lei nº 7.638/2012, a qual inseriu critérios ambientais na redistribuição da cota-parte municipal do tributo, sendo implementada de forma progressiva e anual, iniciando-se o repasse com 2%, em 2014, e se estabilizando em 8%, em 2017 e para os anos posteriores.

Ressalta-se que a Lei nº 7.638/2012 alterou alguns artigos da principal lei que trata do ICMS no âmbito estadual, que é a Lei nº 5.645/1991, cujos percentuais passaram aos seguintes patamares: 75% na proporção do valor adicionado nas operações relativas à circulação de mercadorias e na prestação de serviços realizados em seus territórios; 7% distribuídos igualmente entre os municípios; 5% na proporção da população do seu território; 5% na proporção do seu território; 8% de acordo com critérios ecológicos.

Os critérios ecológicos estão regulamentados em decretos. O primeiro foi o Decreto nº 775/2013, já revogado, que, além de regulamentar os critérios ambientais a serem cumpridos pelos municípios, também denominou o repasse de ICMS Verde. O Decreto nº 1.696/2017 reajustou o anterior e alterou os índices dos critérios. Para 2021, o Governo do estado aprovou, em 28 de setembro de 2020, o Decreto nº 1.064/2020, o qual lança nova metodologia do cálculo para a distribuição dos recursos, a partir de 2022.[2]

É imprescindível alertar que o ICMS no Brasil, na vertente ambiental, adota distintas terminologias, como ICMS Ecológico, ICMS Ambiental, ICMS Socioambiental ou ICMS Verde. O estado do Pará adota a terminologia "ICMS Verde", como se verá mais adiante, razão pela qual é prioritariamente utilizada neste livro.

Dessa maneira, a política do ICMS Verde no estado do Pará tem se mostrado de grande importância para os municípios, sobretudo aqueles de menor capacidade econômica, que passaram a receber mais recursos, independentemente da riqueza gerada em seus territórios. Nesse sentido, o estado já repassou, de 2014 a 2018, um montante de mais de 571 bilhões de reais a título de ICMS Verde aos municípios,[3] receita de volume bastante expressivo, o que reforça a importância da política, que passou a integrar a receita financeira para esses entes.

Entretanto, em que pese a Lei nº 7.638/2012 ser muito importante para o desenvolvimento da política ambiental local, ela impõe certas obrigações e responsabilidades aos municípios para que façam jus ao repasse. Entre as obrigações impostas está o disposto em seu art. 4º, que estabelece aos municípios que instituam suas próprias leis de destinação dos recursos e determina que a receita do ICMS Verde seja preferencialmente destinada a um fundo ambiental.

---

[2] A principal mudança trazida pelo Decreto Estadual nº 1.064/2020 está no art. 4º, que insere nova metodologia para a distribuição de recursos do ICMS Verde, que passaram de quatro fatores para oito indicadores, calculados a partir de variáveis, entre as quais foram incluídas a Área Antropizada, a Reserva de Vegetação Nativa e a Análise de CAR no Município. As demais já constavam do Decreto nº 1.696/2017, como o CAR, a Área de Preservação Permanente, a Área de Reserva Legal, as Áreas de Uso Restrito e as Áreas de Uso Sustentável (vide www.semas.pa.gov.br/legislacao/normas/view/11896; acesso em: 9 maio 2023).

[3] Os valores dos repasses do ICMS Verde aos municípios estão disponíveis em: www.semas.pa.gov.br/municipios/icms-verde/valores-de-repasse (acesso em: 9 maio 2023).

Esse ponto conduz a sérias reflexões, sobretudo quanto à interferência do estado para que o município legisle sobre suas políticas locais e à imposição para que o ente municipal destine a receita do ICMS Verde aos fundos ambientais, trazendo à tona o estudo sobre os princípios constitucionais da autonomia municipal para legislar e o da não vinculação da receita de impostos a fundos. Outro ponto que merece atenção é a imposição estatal aos municípios, uma vez que pode ferir o princípio republicano, que traz em seu bojo a autonomia financeira, política e administrativa dos entes federativos.

Desse modo, essas e outras reflexões foram tratadas nesta obra, que versa sobre a destinação de recursos às políticas ambientais nos municípios paraenses. A reflexão tem por base o fato de as municipalidades serem contempladas com recursos do imposto, os quais constitucionalmente lhes pertencem, e, por imposição da lei estadual, devem destiná-los aos fundos ambientais.

Aliás, no âmbito da execução da atividade financeira do estado, tornou-se comum a utilização de fundos de diversas naturezas, voltados à distribuição ou à aplicação de recursos para finalidades distintas. Entretanto, o uso de fundos importa em destinação de receitas para gastos específicos, sendo que, em geral, boa parte dessas receitas provém de impostos e, sobretudo, de transferências intergovernamentais, no caso dos municípios.

Assim, diante das reflexões levantadas a respeito da Lei nº 7.638/2012 e do cotejamento dos recursos recebidos a título de ICMS Verde pelos municípios e aqueles destinados aos fundos de meio ambiente, esta obra tem como problemática verificar em que medida tais recursos estão sendo utilizados em benefício da implementação das políticas públicas ambientais nos municípios paraenses. Ressalta-se que não serão abordados os repasses de recursos às secretarias municipais de meio ambiente, uma vez que o art. 4º da Lei nº 7.638/2012 menciona que o ICMS Verde deve ser destinado aos fundos de meio ambiente.

Considerando que a política do ICMS Verde se aplica aos 144 municípios, foi adotada como recorte a mesorregião sudeste do Pará, contemplando os 21 municípios dessa área – que, até 2018, tinham fundos municipais de meio ambiente –, a fim de possibilitar a realização de diagnóstico a partir de dados obtidos dos documentos que compõem as prestações de contas entregues ao Tribunal de Contas dos Municípios do estado do Pará (TCM-PA).

Nessa linha, esta obra tem como objetivo central identificar em que medida os recursos do ICMS Verde estão sendo utilizados em benefício da implementação das políticas públicas ambientais nos municípios da mesorregião do sudeste do Pará entre 2014 e 2018.

O tema abordado tem grande relevância teórica para a academia, uma vez que, passados mais de oito anos da institucionalização da política do ICMS Verde no estado do Pará, não se tem conhecimento da publicação de estudos que tratem sobre o aspecto financeiro da referida política. Assim, as obras e pesquisas coletadas e analisadas serviram de base teórica à elaboração do presente livro, sobretudo quanto ao surgimento da referida política como instrumento econômico e ao objetivo de promover ou incentivar a proteção ambiental, assim como meio de reduzir o desmatamento nos municípios paraenses, que é o objetivo precípuo do imposto em sua vertente ambiental.

No âmbito social, desde quando o ICMS Verde ganhou nova modelagem na distribuição de sua cota-parte – que, por sua finalidade e natureza, deve ser investida em políticas públicas –, seu acompanhamento deve ser do interesse de toda a coletividade no exercício do controle social. Aliás, deve ser interesse de todos conhecer o que acontece, o que se faz, o que foi realizado e o que se planeja pela máquina pública, visto que o meio ambiente é bem comum, que deve ser cuidado e protegido em prol de todos. Desse modo, Scaff (2018, p. 128-129) chama de ação republicana o atuar em favor do bem comum, que tem conexão com o interesse público.

O teor deste livro, portanto, é de forte preocupação com o meio ambiente, que, no Brasil, a partir da promulgação da atual Constituição, sobretudo em termos de legislação, dá grande destaque e valor a tal política pública e ao aspecto protecionista de preservação ambiental, indissociável dos direitos humanos e da questão econômica e tributária.

Outrossim, o tema envolve tributos e meio ambiente e se justifica por remeter a um direito intrinsecamente ligado a toda a sociedade, visto que a própria Constituição brasileira menciona que o meio ambiente é um direito fundamental e deve ser cuidado por todos e para todos, indistintamente, pois não há que se falar em dignidade humana sem considerar um meio ambiente ecologicamente sadio e protegido, condição indissociável e essencial para que todos possam desfrutar de uma vida minimamente digna e saudável.

Esta obra está estruturada com esta introdução e mais três capítulos. O primeiro apresenta a política do ICMS Verde no contexto do federalismo fiscal brasileiro, oportunidade em que se aborda o repasse do ICMS na vertente ambiental, o qual é uma espécie de partilha de tributo que vem sendo adotada no Brasil como incentivo à proteção do meio ambiente.

O segundo capítulo pauta-se na análise das questões relativas à vinculação das receitas do ICMS Verde aos fundos municipais de meio ambiente imposta pela Lei nº 7.638/2012, à luz do princípio da não vinculação e da autonomia municipal para legislar, assim como tratará da vinculação de receitas tributárias a fundos em geral e da vinculação de receita transferidas do ICMS ao fundo municipal de meio ambiente. No texto do citado capítulo também será apresentada uma breve discussão sobre os conceitos de "vinculação", "destinação" e "afetação", que muitos doutrinadores tratam como sinônimos.

O último capítulo expõe a gestão financeira dos fundos de meio ambiente, a partir do repasse do ICMS Verde aos municípios da mesorregião sudeste do estado do Pará, como forma de levantar em que medida esses recursos estão sendo utilizados em benefício da implementação de políticas públicas ambientais. O capítulo também apresenta a metodologia utilizada para se alcançar os resultados. Elaborou-se uma análise da prática da destinação de recursos do ICMS Verde aos fundos municipais de meio ambiente, que se propõe a explanar o verdadeiro destino conferido aos recursos do ICMS Verde quando chegam aos cofres das prefeituras e destas aos fundos de meio ambiente.

Por fim, destaca-se que este livro abrange temas complexos, os quais foram exaustivamente tratados, mas não com a pretensão de esgotar a temática. Por sua complexidade, espera-se que esta obra possa servir de incentivo e fonte de informações a outras pesquisas na academia e, quiçá, de reflexão aos Poderes Legislativos e Executivos Estadual e municipais sobre a importância da utilização de instrumentos econômicos como meio de incentivo à tutela do meio ambiente.

CAPÍTULO 1

O ICMS VERDE NO CONTEXTO DO FEDERALISMO FISCAL

No Brasil, não há como falar de transferência ou repasse de recursos do ICMS aos municípios sem tratar do federalismo fiscal. Assim, este capítulo apresentará suas nuances, que servem de suporte ao repasse do ICMS no Brasil, e, também, sua versão ecológica, a qual foge da via tradicional de repasse da cota-parte que é distribuída em razão do Valor Adicionado Fiscal (VAF).[4] Dessa forma, no novo repasse, os recursos são distribuídos considerando-se outros critérios, que vão desde critérios sociais a ambientais. O estado do Pará adota critérios exclusivamente ambientais.

O ICMS Verde apresenta-se como uma espécie de Pagamentos por Serviços Ambientais (PSA), uma vez que se trata de um incentivo econômico com o objetivo de compensar determinado comportamento positivo de proteção ao meio ambiente, ou seja, visa incentivar a ação dos indivíduos que protegem os serviços prestados pela natureza, que podem ser tanto entes governamentais quanto membros da sociedade civil. Trata-se de uma espécie de ferramenta de governança ambiental.

Este capítulo, primeiramente, discutirá o repasse do ICMS e do ICMS Verde aos municípios no contexto do federalismo fiscal; em seguida, apresentará a forma como o repasse do ICMS Verde pode promover proteção ambiental; posteriormente, tratará do ICMS Verde

---

[4] O Valor Adicionado Fiscal (VAF) é um indicador econômico-contábil utilizado pelo estado para calcular o índice de participação municipal no repasse de receita do ICMS. De acordo com a Lei Complementar nº 63/1990, em seu art. 3º, §1º, I, o VAF "corresponderá, para cada município, ao valor das mercadorias saídas, acrescido do valor das prestações de serviços, no seu território, deduzido o valor das mercadorias entradas, em cada ano civil".

como PSA; e, por fim, abordará a política do ICMS Verde e a lei adotada no estado do Pará.

1.1 O federalismo fiscal e a importância do ICMS e do ICMS Verde aos municípios paraenses

De acordo com Scaff et al. (2019, p. XII), "no Brasil, o federalismo há de ser assimétrico, de modo a permitir que haja tratamento desigual entre as regiões, bem como internamente a elas, visando permitir que as desigualdades sociais sejam revertidas". Esse trecho foi extraído do prefácio da recente obra *Federalismo (s)em juízo* e retrata a desigualdade que o atual desenho do federalismo brasileiro promove, o qual nem de longe alcança o objetivo traçado no art. 3º, III, da Constituição Federal de 1988, que é reduzir as desigualdades sociais e regionais, uma vez que os problemas enfrentados no país divergem de acordo com a região, o estado ou o município que se apresente.

A forma de estado adotada no Brasil é a federação. Carrazza (2000, p. 89) explica que "federação (de *foedus, foedoris,* aliança, pacto) é uma associação, uma união institucional de estados, que dá lugar a um novo estado (o estado Federal), diverso dos que dele participaram (estados-membros)". O sistema de governo federalista é uma forma de organização política comumente usada por países com grandes territórios para manter a capacidade de organização política, como é o caso do Brasil.

Derzi e Bustamante (2015, p. 470) consideram o federalismo um princípio de organização política que se conecta com os valores políticos e princípios constitucionais dotados de conteúdo normativo mais específico, os quais se relacionam com as ideias de autonomia política e autodeterminação do indivíduo.

Para Oliveira (2008, p. 40), federalismo fiscal "significa a partilha dos tributos pelos diversos entes federativos, de forma a assegurar-lhes meios para o atendimento de seus fins", bem como a repartição de competências tributárias entre os entes federados.

Pode-se dizer que essa partilha é um desdobramento do princípio do federalismo, sistema organizacional que rege a organização política, administrativa e fiscal dos entes nacionais, autônomos e independentes entre si, nos termos da Carta da República Federativa do Brasil. Assim, a organização político-administrativa é uma federação de estados com estrutura de governo descentralizada, uma vez que a descentralização política, administrativa e financeira pode ser considerada a característica mais importante das democracias.

Nos primórdios, o federalismo no Brasil significava a concentração de competências no poder central. Atualmente, essa centralização está em processo de mutação, com a União transferindo responsabilidades para estados e municípios. Contudo, o maior problema do federalismo no Brasil é a desigualdade material (assimetria fiscal), visto que arrefece a desigualdade socioeconômica entre as distintas regiões do país, ferindo o verdadeiro espírito federativo (BARBOSA et al., 2016).

Ainda segundo Barbosa et al. (2016, p. 6), no sistema federal de governo existem três decisões a serem tomadas sobre as instituições. A primeira diz respeito ao número de níveis de governo; a segunda refere-se à representação desses níveis no governo central; e a terceira, sobre a distribuição das competências políticas entre os níveis verticais de governo, cada um conservando seu próprio domínio de atribuições.

A Constituição da República (BRASIL, 1988) dispõe sobre essas questões e especifica os níveis, a representatividade e as competências, como se observa no §4º do art. 60, ao estabelecer que, por se tratar de cláusula pétrea, não poderá ser proposta emenda constitucional com tendência a abolir a forma federativa do estado.

Atualmente, a federação brasileira é composta por 5.570 municípios (IBGE, 2020); todos são autônomos e devem, indistintamente, buscar o interesse comum e a redução das desigualdades regionais. Ressalta-se que a atual Carta foi a primeira Constituição brasileira que elevou os municípios ao *status* de entidade federativa (NUNES; SERRANO, 2019).

Oliveira (2007, p. 1) define federalismo fiscal como:

> (...) o conjunto de providências constitucionais, legais e administrativas orientadas ao financiamento dos diversos entes federados, seus órgãos, serviços e políticas públicas tendentes à satisfação das necessidades públicas nas respectivas esferas de competência.

Nesse contexto, para esclarecer os conceitos, convém diferenciar federalismo de federação, os quais, segundo Savard e Banville (2012, p. 1), são institutos distintos:

> *Federalism may be defined as a body of normative principles supporting the notion that a nation's sovereignty should be shared by a central entity and constituent units as a means of maintaining balance between the protection*

of minority groups (and their desire for self-government) and the need for the constituent units to act as one in the defense of their common interests. The concept of federation, on the other hand, corresponds to a political system in which there are several orders of government whose institutional dimensions meet the normative principles of federalism.[5]

É importante ressalvar que a existência de várias esferas de governo propicia maior participação política pela sociedade por meio da escolha dos seus representantes nos Poderes Legislativo e Executivo, visto que o Poder não fica somente no ente central, distante dos clamores e das necessidades do povo, mas se reparte pelos menores, ou seja, o Poder fica mais próximo da população. Trata-se de um sistema em que o poder é descentralizado, havendo maior grau de proteção às liberdades básicas e aos direitos individuais dos cidadãos.

Nessa linha, Batista Júnior (2019, p. 3) denomina esse sistema de separação vertical dos poderes, em que há a possibilidade de maior participação democrática do povo no processo decisório, como parte principal do princípio democrático. O autor reforça que "o poder que emana do povo é exercido pelo povo e para o povo".

Portanto, a adoção do federalismo fiscal implica a distribuição de competências constitucionais entre os diferentes níveis de governo, para que cada unidade subnacional, na medida das competências e da capacidade de financiamento, possa construir os desenhos institucionais (SILVA, 2005).

Sales (2010, p. 13) destaca que o fator que movimenta as federações é um conjunto de regras, métodos e processos relacionados à distribuição de recursos fiscais entre os entes federados, a fim de viabilizar o bom desempenho de cada nível de governo no cumprimento das respectivas responsabilidades.

Ressalta-se que não há democracia política sem democracia financeira, tampouco federalismo político sem federalismo fiscal. Da mesma forma, não há autonomia política sem autonomia financeira. Reis (2000, p. 45) ensina que "(...) não basta ao estado-Membro a

---

[5] O federalismo pode ser definido como um corpo de princípios normativos que apoiam a noção de que a soberania da nação deve ser compartilhada por uma entidade central e unidades constituintes como um meio de manter o equilíbrio entre a proteção de grupos minoritários (e seu desejo de autogoverno) e a necessidade de as unidades constituintes atuarem de forma unificada na defesa de seus interesses. O conceito de federação, todavia, corresponde a um sistema político no qual há várias ordens de governo cujas dimensões institucionais atendem às exigências normativas princípios do federalismo (tradução livre).

possibilidade de auto-organizar-se (...); é imprescindível a existência de autonomia financeira".

Bachur (2004, p. 388) critica o federalismo instituído no Brasil dizendo o seguinte:

> (...) no Brasil, em contraste, a federação mantém-se travada, não viabiliza uma dinâmica institucional capaz de conjugar esforços nacionais para superar as disparidades regionais. Isso se deve, em grande parte, a um hibridismo institucional, inclusive constitucional, que compromete a dinâmica federativa do País: há uma prática fiscal competitiva incentivada em um arcabouço constitucionalmente propenso à coordenação, mas ainda institucionalmente indefinido.

Nesse sentido, é imperativo que a União desconcentre a arrecadação e, ao mesmo tempo, admita que os entes aprendam a arrecadar e a melhor consumir os próprios recursos para que haja um verdadeiro federalismo cooperativo. Em relação a esse contexto, Rezende et al. (2006, p. 154) afirmam:

> A revisão do federalismo fiscal brasileiro é fundamental para recompor o equilíbrio federativo, estabelecer mecanismos eficazes para a cooperação intergovernamental na promoção e implementação de políticas nacionais de desenvolvimento e instituir novas regras voltadas para a redução das desigualdades regionais.

A equalização nas desigualdades é necessária e deve continuar sendo um dos objetivos fundamentais da federação, conforme elencado no art. 3º, III, da Constituição da República (BRASIL, 1988), por meio de instrumentos de transformação constituídos das relações de partilha dos tributos, como as transferências intergovernamentais, base do federalismo fiscal em busca do objetivo fundamental consignado.

Desse modo, as transferências intergovernamentais são instrumentos muito utilizados e de extrema importância para o desenvolvimento financeiro, econômico e social do país, pois, segundo Mendes, Miranda e Cosio (2008, p. 7), é uma forma de o governo intervir na economia.

> O Brasil é uma federação que utiliza intensamente as transferências intergovernamentais. Em 2006, elas somaram 8% do Produto Interno Bruto (PIB), representando 73% das receitas correntes dos municípios e 26% das receitas correntes dos estados. Portanto, um bom desenho dessas

transferências é um elemento importante tanto para o equilíbrio fiscal quanto para a qualidade da intervenção do setor público na economia.

Gomes (2007, p. 30) enfatiza que as transferências intergovernamentais são repasses de recursos financeiros entre entes descentralizados de um estado ou entre estes e o poder central, conforme determinações constitucionais e legais, ou, ainda, em decisões discricionárias do órgão ou entidade concedente, para atender a objetivos genéricos ou específicos.

Segundo Mendes, Miranda e Cosio (2008, p. 23), as transferências intergovernamentais constituem elemento central no sistema de relações federativas e são item fundamental de receita para a maioria dos governos subnacionais. Tal constatação nem sempre é importante para um país, pois acaba havendo muita dependência dos entes menores em relação aos maiores.

Entretanto, para garantir a descentralização dos poderes e propiciar a prestação dos serviços públicos essenciais à sociedade, as unidades subnacionais devem contar com recursos suficientes e orçamento próprio para traçar os próprios planos de governo (BATISTA JÚNIOR, 2019).

Na federação, é visível a dependência financeira dos municípios em relação às transferências intergovernamentais, que representam a maior fonte de receita orçamentária daqueles entes subnacionais. Entretanto, isso é compreensível, uma vez que é nos municípios que as demandas por serviços públicos ocorrem; dessa feita, é comum que tais entes subnacionais sejam agraciados com mais transferências de recursos para fazer frente às suas despesas.

No mesmo sentido, Terra, Souza e Fernandes (2014, p. 206) apontam que a descentralização e a autonomia tributária promovidas pela Constituição de 1988 não proporcionaram independência aos municípios, que, por meio das transferências federais e estaduais, obtêm grande parte de seus recursos.

Entre as transferências que assumem relevante importância para os municípios está a do ICMS, que, segundo Mendes, Miranda e Cosio (2008, p. 19), é uma transferência devolutiva e compulsória, pois o estado devolve à municipalidade parte do montante arrecadado do imposto dentro do espaço territorial daquele ente subnacional.

Nessa linha, a competência tributária exclusiva dá-se quando cada nível de governo tem aptidão para exercer uma tarefa impositiva relativamente a dado imposto. Nesse caso, os desequilíbrios fiscais podem ser corrigidos por transferências intergovernamentais, por meio de mecanismos, como os fundos públicos responsáveis por manter o equilíbrio financeiro dos entes públicos menores. Ter-Minassian (1997) afirma que existem quatro elementos fundamentais à harmonização dos sistemas financeiros e fiscais: (i) clareza na definição do destino das receitas e responsabilização dos órgãos públicos pelas despesas públicas; (ii) regras claras, estáveis e transparentes dos mecanismos de transferência de recursos públicos; (iii) incentivo ao esforço fiscal; (iv) fixação de regras limitadoras do endividamento dos órgãos do poder local e regional.

O ICMS repassado aos municípios resulta da riqueza produzida dentro de determinado território, portanto advém do consumo dos contribuintes do imposto. A repartição de sua receita envolve um ente recebendo e repassando parte dessa receita a outros entes.

Sobre a repartição das receitas tributárias, é interessante a colocação de Harada (2012, p. 47) quando afirma que, por mais que seja um tema inserido no capítulo da Constituição que trata do Sistema Tributário Nacional, a matéria insere-se no campo da atividade financeira do estado e, portanto, deve ser objeto de estudo do Direito Financeiro, por não haver nenhuma relação com os contribuintes e interessar somente às entidades políticas tributantes.

Assim, o ICMS é a principal fonte de receita para os estados e municípios. É um tributo com múltiplas funcionalidades, incidindo, em especial, sobre o consumo e, também, sobre a base de cálculo de outros impostos, como o PIS e a COFINS. Além disso, é utilizado pelos estados como ferramenta de manipulação de políticas fiscais. A receita é partilhada com os municípios por obrigação constitucional, estabelecida no art. 158, IV, da Constituição da República (BRASIL, 1988).

Reforça-se que foi somente com a Carta de 1988 que o valor do ICMS destinado aos municípios passou a ser de 25%.[6] Todavia, esse aumento de receita veio acompanhado de aumento de obrigações e responsabilidades com relação às políticas públicas, fruto da autonomia conferida pela Carta Magna aos entes subnacionais, entre os quais se

---

[6] A Emenda Constitucional nº 108, publicada no dia 27 de agosto de 2020, deu nova redação ao parágrafo único, I e II, do art. 158 da CRFB/1988, alterando de 25% para 35% a cota-parte do ICMS que cabe aos municípios, sendo que a nova redação estabelece que, no mínimo, dez pontos percentuais do montante definido em lei estadual sejam com base em indicadores de melhoria nos resultados de aprendizagem e de aumento da equidade, considerado o nível socioeconômico dos educandos.

têm as vinculações constitucionais dos gastos mínimos com educação, que é de 25%,[7] e, para a saúde, de 15%,[8] em relação às receitas próprias. Isso significa que os recursos próprios arrecadados sofrem vinculações especiais, explicitadas no texto constitucional, inclusive receita de impostos. No entanto, a União aporta o maior volume de receitas a tais programas, os quais cresceram nos últimos anos, segundo Orair e Gobetti (2010, p. 94):

> (…) há um incremento significativo das transferências vinculadas à saúde e educação no período recente. Tal incremento se explica, por um lado, pela regra da Emenda Constitucional nº 29, que obriga o governo federal a manter seus gastos em ações de saúde crescendo à mesma taxa do PIB.

Além da regra constitucional do art. 158, IV, que torna compulsória a transferência de 25% do ICMS aos municípios (BRASIL, 1988), sobressai-se a regra contida em seu parágrafo único, I, que condiciona o *quantum* a ser repassado ao ente de acordo com o VAF do município, que é, no mínimo, de três quartos; ou seja, os 25% baseados no VAF constituem transferência intergovernamental, com critérios delimitados na Constituição da República (BRASIL, 1988).

Conforme Mendes, Miranda e Cosio (2008, p. 19), esses critérios para o repasse têm características certas, a saber: (i) devolutiva para o subnacional arrecadador; (ii) obrigatória para os estados, os órgãos repassadores; e (iii) sem contraprestação do ente recebedor, pois não há necessidade de aporte financeiro para ser complementado, quando investido em qualquer política pública.

Convém salientar que o VAF indica quanto foi arrecadado do imposto no município.

A diferença de até um quarto, contida também no art. 158, parágrafo único, II, da Carta, será também repassada aos municípios, mas

---

[7] Art. 212 da CF. A União aplicará, anualmente, nunca menos de dezoito, e os estados, o Distrito Federal e os Municípios vinte e cinco por cento, no mínimo, da receita resultante de impostos, compreendida a proveniente de transferências, na manutenção e desenvolvimento do ensino. A União aplicará, anualmente, nunca menos de dezoito, e os estados, o Distrito Federal e os Municípios vinte e cinco por cento, no mínimo, da receita resultante de impostos, compreendida a proveniente de transferências, na manutenção e desenvolvimento do ensino.

[8] Art. 77 da CF. Até o exercício financeiro de 2004, os recursos mínimos aplicados nas ações e serviços públicos de saúde serão equivalentes:
(…)
III – no caso dos Municípios e do Distrito Federal, quinze por cento do produto da arrecadação dos impostos a que se refere o art. 156 e dos recursos de que tratam os arts. 158 e 159, I, *b*, §3º.

em outras condições, que, segundo Mendes, Miranda e Cosio (2008, p. 48), têm caráter redistributivo e desvinculado do local onde houve a arrecadação. Outro detalhe dessa diferença, também contida no inciso II do parágrafo único do art. 158 da Constituição da República (BRASIL, 1988), é que o crédito será repassado com base em lei estadual.

Marins e Oliveira (2019, p. 195) entendem que os critérios estabelecidos pelo parágrafo único do art. 158 da Constituição de 1988 estimulam uma espécie de competição financeira entre os municípios localizados no mesmo estado, pelo fato de que:

> (...) aqueles governos locais que não buscarem melhorar os parâmetros que formam os índices de quantificação do valor adicionado (leia-se, melhora do nível de atividade econômica formalmente reconhecida pela legislação estadual e municipal) e que não atenderem aos critérios da lei estadual que define a distribuição das parcelas restantes perderão proporcionalmente receita, o que provavelmente levará a uma arrecadação menor a título de participação no produto do ICMS.

Assim, é fácil observar que o legislador retirou, no caso do inciso II, o VAF, para que os estados estimulem a prática de políticas públicas benéficas e efetivas à sociedade, de modo que o governo local aumente a arrecadação proporcional quanto às parcelas da receita do ICMS.

Portanto, é essa diferença que os estados brasileiros que instituíram o ICMS Verde utilizam para repassar aos municípios os recursos a serem utilizados em políticas públicas ambientais, como é caso da Lei Estadual nº 7.638/2012 (PARÁ, 2012), que trata do ICMS Verde no âmbito dos municípios do estado do Pará, como será tratado a seguir.

1.2 O ICMS Verde e a proteção ambiental no federalismo fiscal

Os impactos do desenvolvimento econômico sobre o meio ambiente estão cada vez mais intensos e trazem sérios riscos para a vida no planeta de modo geral. Dessa forma, é necessária e urgente a adoção de medidas que possam internalizar os custos ambientais.

Nessa toada, a tributação é um instrumento precioso e útil à proteção ambiental (AMARAL, 2007, p. 27). Na mesma linha, reforça Oliveira (2007, p. 8-10) ao dizer que a captação de recursos com vistas a maximizar o equilíbrio ambiental se apresenta como poderosa ferramenta de transformação da realidade maléfica ao meio ambiente, por intermédio dos tributos ambientais, instrumentos econômicos de defesa do ecossistema. Aliás, não se pode esquecer a importância econômica do bem material que a natureza fornece ao mercado para a manutenção de um mundo cada vez mais consumista e tampouco se pode dissociar a relação muito estreita entre a pobreza e a degradação ambiental (TUPIASSU, 2006).

Convém ressaltar que a doutrina difere os instrumentos econômicos das normas de comando e controle, como mencionam Derani e Souza (2013, p. 251):

> A maior parte da doutrina distingue duas espécies de normas ambientais em razão do meio adotado para atingir sua finalidade: normas de comando e controle e instrumentos jurídico-econômicos. Em síntese, as primeiras permitem ao estado exercer a regulação direta das atividades dos agentes econômicos, impondo restrições aos direitos de propriedade e à livre-iniciativa. Trata-se da previsão de padrões ambientais que especificam as condutas proibidas e devidas por cada ente administrado, visando limitar os níveis de poluição e consumo dos recursos ambientais sem comprometer o desenvolvimento econômico. Os instrumentos jurídicos econômicos, por sua vez, são normas que visam conduzir as forças de mercado numa certa direção, pois se baseiam na crença de que o mercado pode ser usado a fim de fornecer incentivos para guiar o comportamento humano.

Nessa lógica, o aspecto protecionista de preservação ambiental deve seguir "de mãos dadas" com o econômico e o tributário. A adoção de incentivos positivos fiscais e tributários tem ganhado destaque na seara ambiental enquanto importantes instrumentos de proteção, devendo ser benéficos e impeditivos de condutas danosas ao meio ambiente.

Desse modo, torna-se fundamental a implementação de políticas públicas que induzam ao crescimento econômico, à preservação da natureza e ao equilíbrio do ecossistema. Assim, o ICMS ganha especial relevo, dentro do contexto do federalismo fiscal brasileiro, por ser um dos principais impostos do país, com grande destaque nas arrecadações estaduais. Aliás, pagar imposto constitui um dever de cidadania em um verdadeiro "estado fiscal", pois nenhum estado poderia honrar seus compromissos perante a sociedade sem o suporte da arrecadação tributária.

A doutrina discute qual seria o melhor tributo a ser utilizado em defesa do meio ambiente. Montero (2014, p. 238) afirma que múltiplos fatores podem impactar a qualidade do meio ambiente e incidir sobre um amplo leque de bens ambientais, não havendo que se falar em um tributo ecológico ideal. Conclui, ainda, que um único instrumento de gestão ambiental é incapaz de proteger o meio ambiente satisfatoriamente.

Dessa forma, o ICMS utilizado em prol do meio ambiente ganha nova readequação dos critérios de repasse da cota-parte do imposto que cabe aos municípios. Contudo, não é demais mencionar que tal readequação, denominada na Lei paraense de ICMS Verde, é fruto da inteligência do legislador constituinte, que introduziu ao texto constitucional o art. 158, IV, parágrafo único, II (BRASIL, 1988), o qual autoriza os estados a dispor em lei o repasse de parte da receita do ICMS que cabe às municipalidades. Ressalta-se que, se não houvesse essa autorização constitucional, talvez tal política não fosse possível no Brasil.

Atualmente, pode-se dizer que o ICMS Verde é um dos instrumentos econômicos mais efetivos de estímulo e incentivo aos municípios que têm alguma restrição quanto ao uso do solo pela existência das unidades de conservação e da preservação de áreas protegidas, que a doutrina reconhece como instituto incrementador (SCAFF; TUPIASSU, 2004).

No Brasil, a política do ICMS Verde iniciou-se na década de 1990, quando o estado do Paraná ratificou a primeira lei que destinou 5% de parte do ICMS aos municípios que continham mananciais de abastecimento e unidades de conservação ambiental. A partir de então, 17 estados estatuíram legislações regulamentando o imposto e estabelecendo diferentes critérios de repartição de receitas. Os critérios adotados pelos estados variam entre ambientais e sociais, que vai desde a criação de unidades de conservação; controles de queimadas; mananciais de abastecimento; política municipal de meio ambiente a gastos com saúde; avaliação dos alunos por programa de avaliação da aprendizagem; taxa de cobertura vacinal; entre outros (OLIVEIRA, 2014).

Loureiro (2008, p. 86), entretanto, esclarece que "o ICMS Ecológico não é um instrumento que tem fim em si mesmo, mas é um meio para que se chegue a determinados fins". Assim, o autor reforça a ideia de que não basta existirem instrumentos financeiros ou não de proteção ambiental se tais instrumentos forem utilizados com finalidade diversa à de sua criação; isto é, se não houver o engajamento das municipalidades em promover políticas voltadas a atender a realidade ambiental de cada município, de nada adiantará o repasse do ICMS para fins ambientais. Afinal, a eficácia do imposto ambiental depende do seu direcionamento ao problema específico (SOARES, 2002).

Ressalta-se que o ICMS Verde não é um verdadeiro tributo ambiental, uma vez que permanece com finalidade arrecadatória. No entanto, mesmo sendo um "falso" tributo ecológico, é grande aliado na conservação ambiental (MARTINHO, 2013).

A fatia da receita do imposto, embora não seja a ideal para a promoção da proteção ambiental, é necessária ao desenvolvimento local, sobretudo para os municípios paraenses, que estão atrelados às transferências dos demais entes federados, resultado do modelo de federalismo fiscal assimétrico que vige no país.

Portanto, a finalidade precípua do ICMS Verde é incentivar o comportamento das gestões municipais, uma vez que os municípios buscarão se adequar cada vez mais aos critérios ambientais ou socioambientais, a fim de aumentar o índice de participação na cota-parte. Entretanto, tais repasses não podem se tornar imposição pelo estado para que os entes municipais sejam obrigados a investir somente em políticas de proteção ambiental. A respeito, Tupiassu e Oliveira (2016, p. 300) comentam:

> (...) considerando-se que os recursos distribuídos segundo os critérios do ICMS Ecológico compõem o sistema de federalismo fiscal previsto pela Constituição da República Federativa do Brasil de 1988, eles se inserem como receita transferida no orçamento dos Municípios, cuja natureza impede qualquer ingerência do estado na definição de sua destinação ou em sua fiscalização. Assim, fica esvaziada a força cogente da indicação de emprego dos recursos proposta pela norma estadual.

Outro aspecto importante a ser lembrado é que o estado não poderá moldar as políticas que os municípios devem seguir, sobretudo quando há a ordem constitucional de remessa de recursos previamente definidos, dado que os próprios municípios são dotados dessa competência e deverão regular suas políticas de proteção ambiental, por exemplo, ao moderar o comportamento da sociedade para que não haja o esgotamento desse bem comum, uma vez que todos indistintamente são responsáveis com tal política de forma intergeracional.

Logo, o ICMS Verde é um importante instrumento econômico, que poderá servir de incentivo às ações de proteção ao meio ambiente, característica dos PSA, como se verá adiante.

1.3 Pagamento por serviços ambientais e o ICMS Verde

Para Freitas (2017), o PSA se apresenta como instrumento econômico compensatório que visa incentivar a proteção das estruturas essenciais ao fornecimento de serviços ambientais para o proprietário, que assim procede tendo em vista que deixará de utilizar determinada área ou bem para fins particulares.

Na mesma linha, Muradian et al. (2010, p. 1.205) conceituam o PSA enquanto:

> (...) promoção de transferências de recursos entre atores sociais objetivando a criação de incentivos econômicos e a compatibilização das decisões de uso de terras de indivíduos e/ou comunidades aos interesses sociais de promoção do capital natural.

Pagiola, Von Glehn e Taffarello (2013, p. 17) explicam que o PSA se baseia no mercado para financiar a proteção ambiental em atendimento ao princípio do protetor-recebedor e no poluidor-pagador, a saber: recebe quem protege e paga quem se utiliza do meio ambiente.

O PSA vem se destacando como importante instrumento econômico de proteção ambiental não somente no Brasil, mas em toda a América Latina. Nas décadas de 1960 a 1970, a Costa Rica enfrentou as maiores taxas de desmatamento do mundo, sendo o primeiro país a implementar um PSA (ROSERO-BIXBY; POLONI, 1998, p. 2). O novo instituto fez parte de um conjunto de políticas e regulamentos, o qual, iniciado em 1969, resultou em uma redução substancial dessas taxas (FONSECA; DRUMMOND, 2015).

Trata-se de uma retribuição mediante remuneração ao agente público ou privado que adotou uma conduta ambientalmente positiva. Contudo, quando se fala em PSA, deve-se, de imediato, esclarecer que quem presta o serviço ambiental não é o agente, o Poder Público ou a entidade privada, e sim os provedores de proteção ambiental; por isso, o pagamento será feito a eles. Deve-se dizer que não se está pagando a natureza, e sim alguém que dela cuida. Essa ideia vai ao encontro do que reflete o princípio do protetor-recebedor (PEIXOTO, 2011).

Vale esclarecer que no PSA o pagamento é realizado ao provedor ambiental, ou seja, o possuidor de área ambiental que proteja e preserve a natureza. Por sua vez, o beneficiário ou usuário direto ou indireto desse serviço retribui a esse provedor ambiental por meio de recursos financeiros ou outra forma de remuneração.

Ressalte-se que, na esfera pública, os governos também são proprietários de terras, e, assim, programas de PSA também podem ser destinados, total ou parcialmente, a terras públicas, tais como áreas protegidas (ENGEL; PAGIOLA; WUNDER, 2008).

Rech (2011, p. 184) argumenta que o princípio do protetor-recebedor tem no PSA "a forma mais eficaz de multiplicar agentes motivados a preservar a natureza, para que ela continue prestando serviços indispensáveis à preservação da biodiversidade e da própria dignidade humana".

Com previsão legal no art. 41, I, do Código Florestal,[9] o PSA no Brasil vem ganhando cada vez mais espaço por meio de projetos criados para ajudar na conservação e no manejo adequado ao uso sustentável do ecossistema, sendo verdadeiros mercados de serviços ambientais.

Em regra, essas iniciativas são estabelecidas por meio de contratos, nos quais os atores envolvidos, tanto públicos quanto privados, efetuam pagamentos para o agente que promove ações de conservação e provisão de serviços ambientais (CHIODI, 2015, p. 21), a título de incentivo pela proteção ou de compensação pelos custos inerentes às despesas com a proteção.

Aliás, nem sempre o pagamento se dará em valor monetário, podendo ocorrer de várias formas, como mencionado no art. 41, I, do Código Florestal (BRASIL, 2012), até pelo fato de o valor dos serviços que a natureza presta a todo universo ser incalculável, de modo que dificilmente se chegaria a um montante exato.

Diversos estudos já foram feitos na tentativa de se chegar a um valor do ecossistema, como o desenvolvido por Robert Constanza, em 1997, e outro conduzido por 1.300 peritos de diferentes países, entre 2001 e 2005, que resultou no relatório que integra a Avaliação do Milênio dos Ecossistemas. Em ambos os estudos, a conclusão foi de que a utilização dos ecossistemas é insustentável e o valor e a importância dos serviços da natureza são subavaliados, assim como a importância dos serviços da biodiversidade para o bem-estar humano também o é.

---

[9] Art. 41 (...)
I – pagamento ou incentivo a serviços ambientais como retribuição, monetária ou não, às atividades de conservação e melhoria dos ecossistemas e que gerem serviços ambientais, tais como, isolada ou cumulativamente: a) o sequestro, a conservação, a manutenção e o aumento do estoque e a diminuição do fluxo de carbono; b) a conservação da beleza cênica natural; c) a conservação da biodiversidade (BRASIL, 2012).

A falta de atenção a esse problema tem levado a decisões desastrosas em relação à utilização dos bens que a natureza fornece (ARAGÃO, 2011).

É importante destacar que, com a crise ambiental, o avanço tecnológico e as novas formas de moedas no sistema financeiro, têm surgido novas propostas de pagamentos aos provedores dos serviços do ecossistema, como mencionam Paiva Sobrinho e Romeiro (2015, p. 8), que afirmam que é possível inovar e criar um PSA com base no uso de moedas complementares como o *bitcoin*, espécie de criptomoeda que utiliza tecnologia *blockchain*.[10]

> Para solucionar problemas socioecológicos, a tecnologia blockchain é essencial, porque permite a criação de criptomoedas de modo a incentivar ações específicas que visem solucionar os problemas desejados, de forma independente das instituições financeiras tradicionais (PAIVA SOBRINHO et al., 2019, p. 163).

Portanto, a lógica de um PSA é beneficiar quem protege o meio ambiente, uma vez que tal atitude pode ser muito mais eficaz que apenas cobrar de quem polui. O poluidor, porém, não se exime de pagar, pois nem sempre quem paga é beneficiado, na medida em que quem contamina ou prejudica o ecossistema deve pagar para que tal atividade maléfica seja, ao menos, reduzida.

> *Es necesario, por lo tanto, que el causante de la contaminación soporte al menos una parte del coste de la utilización del medio ambiente, no solo porque ello es una exigencia de la justicia, sino también porque el cómputo y ese coste inducirá a reducir la actividad contaminante*[11] (TABOADA, 2005, p. 79).

Quando um agente poluidor paga algum valor por uma ação maléfica ao meio ambiente, ele internalizará os custos que poderiam ser suportados por um terceiro que não deu causa. Assim, nada mais justo que o poluidor suporte ou internalize parte desses custos, ou seja, mesmo que os efeitos negativos resultem de processos produtivos internos de determinadas atividades, eles acabam por ser percebidos externamente por toda coletividade. Assim, por um princípio de justiça,

---

[10] O *blockchain* é um banco de dados em que o sistema funciona como um livro de registros inviolável, "inderrubável" e bastante eficiente (ALECRIM, 2019).

[11] É necessário, portanto, que a causa da poluição apoie ao menos parte do custo do uso do meio ambiente, não apenas por ser exigência de justiça, mas também porque o cálculo desse custo induzirá uma redução da atividade (tradução livre).

quem causa uma externalidade negativa deve pagar por ela, ou seja, não deve lucrar à custa da sociedade (TABOADA, 2005).

No entanto, Taboada (2005) alerta que pagar um tributo ambiental não desonera o pagante dos deveres de proteger e não lhe dá o direito de poluir, pois apenas pagar não repara o equilíbrio ambiental, ou seja, não ocorre o *status quo ante*; portanto, é questionável falar em justiça no plano ambiental.

Todavia, quem se beneficia com o PSA atende ao princípio do protetor-recebedor, que se alinha às externalidades positivas, ou seja, benefícios gerados por alguma atividade. Na seara ambiental, pode ser citada como exemplo a proteção da vegetação à beira de um olho-d'água. Os benefícios gerados vão além de quem está protegendo. Nesse sentido, Nusdeo (2013, p. 14) defende que "o pagamento por serviços ambientais pode ser entendido e defendido como correção de externalidades positivas". Assim, compreende-se que um PSA pode ser uma espécie de premiação ou compensação decorrentes de externalidades positivas.

Ainda no tocante às externalidades, Lévêque (1996, p. 1) ensina que *"an externality occurs when a transaction between two parties does not take into account a benefit or a loss for a third party who is not in the market arena"*.[12] Reforça o autor, ainda, que, desde as ideias de Pigou de 1932, as externalidades estão associadas a falhas de mercado, e a intervenção do estado é o meio natural para remediar.

Em sentido contrário, Coase (1960, p. 17-18) prevê o tratamento de externalidades sem intervenção estatal, por meio, por exemplo, da negociação direta entre poluidor e meio poluído e a integração do emissor e do receptor de externalidade dentro da mesma empresa.

Wunder (2005, p. 13) define as características das transações de pagamento por serviços ambientais, que, para ele, são: (i) transações voluntárias; (ii) definição adequada do serviço ou, ao menos, determinação do uso da terra tido como necessário para provê-lo; (iii) existência de, ao menos, um comprador; (iv) existência de pelo menos um provedor; e (v) pagamento condicionado à provisão do serviço.

Todavia, Nusdeo (2013, p. 15) ressalta que a característica da voluntariedade é questionável em alguns programas de PSA, dado que existem casos em que o programa é impositivo por lei ou por um contrato. Nessa perspectiva, o ICMS Verde, em especial a política

---

[12] Uma externalidade ocorre quando uma transação entre duas partes não considera um benefício ou uma perda para um terceiro que não está no mercado (tradução livre).

adotada no Pará, seria impositiva, pois a Lei nº 7.638/2012 impõe critérios ambientais a todos os municípios para que façam jus ao recebimento da cota-parte do imposto. Não obstante, ao analisar a prática da política nos municípios, observa-se que nem sempre os critérios são cumpridos na sua integralidade e, mesmo assim, os recursos são repassados proporcionalmente.

Outro contraponto importante é que nem sempre é economicamente vantajoso a quem protege o ecossistema receber os valores pagos em um PSA, visto que podem ser muito baixos e, assim, não conseguirão incentivar a proteção diante da possível rentabilidade que aquela área protegida pode gerar, tornando a utilização/degradação bem mais interessante em termos financeiros. O correto seria que os valores de um PSA fossem mais elevados que os supostos benefícios secundários, auferidos pelos bens materiais no mercado (PAGIOLA; VON GLEHN; TAFFARELLO, 2013). Apesar de o valor dos benefícios que a natureza pode proporcionar a quem a protege (ou a todas as pessoas) ser imensurável, nem sempre é reconhecido quando se almeja lucro.

Para que se efetive um PSA, primeiramente deve-se definir qual serviço irá se pagar, quais problemas ambientais apresentam ameaças e quais políticas serão adotadas para seu enfrentamento (NUSDEO, 2013).

Os tipos de serviços mais comuns, transacionados em separado ou em conjunto, são: conservação da biodiversidade, que é paga por espécie ou hectare de área protegida; proteção de recursos hídricos, que se paga pela quantidade e qualidade da água; sequestro e estocagem de carbono não emitido; e beleza cênica paga para áreas de turismo (NUSDEO, 2013).

Assim, são diversos os instrumentos de mercado para a conservação e a proteção ambiental em uso no Brasil, entre os quais se destacam os subsídios à produção ambiental; as associações de reposição florestal; as reservas privadas; a compensação de reserva legal; e o ICMS Verde, que visa compensar os municípios com a perda de receitas em áreas públicas conservadas ou preservadas, como a política adotada no estado do Pará, que será tratada a seguir.

1.4 Política do ICMS Verde e a lei adotada no estado do Pará

No estado do Pará, a política do ICMS Verde surgiu como meta a ser alcançada dentro do Plano de Prevenção, Controle e Alternativas ao Desmatamento (PPCAD) do Governo Federal, por meio do Decreto Federal nº 6.321/2007 (BRASIL, 2007), cuja principal finalidade era reduzir progressivamente as taxas de desmatamento ilegal no estado e no bioma Amazônia.

Desse modo, tal política corresponde a uma das ações contidas no eixo "Fomento às Atividades Sustentáveis" e definidas pelo PPCAD/PA, aprovado pelo Decreto Estadual nº 1.697/2009 (PARÁ, 2009), com vistas a estabelecer uma ação conjunta entre os diversos níveis de competências federativas. É uma tentativa de materializar o modelo de federalismo cooperativo preconizado no art. 23 da Constituição Federal de 1988 (BRASIL, 1988).

Assim, com o objetivo de combater o desmatamento ilegal, essa política foi inserida no PPCAD como meta a ser cumprida até 2012, dado que o estado deveria elaborar o projeto de lei, aprovar, regulamentar e implementar o ICMS Verde como instrumento de política fiscal de incentivo à sustentabilidade (PARÁ, 2009).

Desse modo, em 2012, foi instituída a política do ICMS Ecológico/Ambiental por meio da Lei nº 7.638/2012 (PARÁ, 2012). A denominação "ICMS Verde" originou-se do Decreto Estadual nº 775/2015, que regulamentou a citada lei. Dessa forma, por força da lei estadual, os municípios passaram a receber os recursos financeiros previsto no art. 158, IV, parágrafo único, II, desde que cumprissem determinados critérios ecológicos (TUPIASSU; OLIVEIRA, 2016).

A Lei nº 7.638/2012 entrou em vigor no mesmo ano de sua promulgação; no entanto, o repasse aos municípios iniciou-se apenas em 2014, pois, de acordo com a Secretaria de Meio Ambiente e Sustentabilidade do estado do Pará (SEMAS), as municipalidades precisavam estruturar seu sistema municipal de meio ambiente, conforme estabelecia o art. 7º do Decreto nº 775/2013 (PARÁ, 2013). Em 2014, o repasse iniciou-se no percentual de 2% e teve acréscimos de 2% a cada ano, chegando ao teto de 8% em 2017, e assim permanece para os anos seguintes.

Em consonância ao dispositivo da Carta Magna, a Constituição do estado do Pará (PARÁ, 1989) previu que os municípios que tenham parte do território integrando unidades de conservação ambiental tenham assegurado tratamento especial quanto ao crédito das parcelas da receita do ICMS que cabe aos municípios, conforme se observa no inciso IV do §2º do art. 225 da Constituição paraense.

§2º É assegurado aos Municípios que tenham parte de seus territórios integrando unidades de conservação ambiental, tratamento especial, quanto ao crédito das parcelas da receita referenciada no artigo 158, IV e parágrafo único, II, da Constituição Federal, sem prejuízo de outras receitas, na forma da lei.

Abrem-se parênteses para parabenizar a Constituição paraense, que, imbuída no sentimento ambiental da Constituição da República, à época recém-promulgada, também contribuiu por meio do incentivo à proteção ao meio ambiente, levando em consideração que o estado é um dos integrantes da maior floresta tropical do planeta, denominada Amazônia brasileira pela Lei nº 1.806/1953.[13]

Desse modo, com base nos dispositivos constitucionais e estaduais mencionados, o estado do Pará optou em utilizar tal permissão para contribuir para a proteção, preservação ambiental e, sobretudo, a redução do desmatamento ilegal. Desse modo, alterou a lei específica do ICMS no estado do Pará, que é a Lei nº 5.645/1991.

Essa lei, que dispõe sobre critérios, prazos de créditos e repasse da cota-parte das parcelas do ICMS pertencentes aos municípios, definiu os percentuais de repasse de acordo com a Constituição Federal. Além disso, em 2012, sofreu alteração, por meio da Lei nº 7.638/2012, para incluir critérios ecológicos na repartição da cota-parte de 25% do imposto, em consonância com o inciso IV do §2º do art. 225 da Constituição Estadual.

O Quadro 1 demonstra como ocorria o repasse antes e depois da instituição do ICMS Verde no estado do Pará.

---

[13] Art. 2º A Amazônia brasileira, para efeito de planejamento econômico e execução do Plano definido nesta lei, abrange a região compreendida pelos estados do Pará e do Amazonas, pelos territórios federais do Acre, Amapá, Guaporé e Rio Branco, e, ainda, a parte do estado de Mato Grosso a norte do paralelo de 16º, a do estado de Goiás a norte do paralelo de 13º e a do Maranhão a oeste do meridiano de 44º (BRASIL, 1959). Disponível em: www2.camara.leg.br/legin/fed/lei/1950-1959/lei-1806. Acesso em: 9 maio 2023.

Quadro 1 – Destinação de um quarto do
ICMS antes e depois do ICMS Verde

Lei 5.645/1991 – antes do ICMS Verde Art. 3º, II	Lei 5.645/1991 – depois do ICMS Verde Art. 3º, II
II – um quarto (25%), dividido da seguinte forma: – 5% na proporção da população do território; – 5% na proporção da superfície territorial; – 15% distribuídos igualmente entre todos os municípios.	II – um quarto (25%), dividido da seguinte forma: – 7% distribuídos igualmente entre todos os municípios; – 5% na proporção da população do território; – 5% na proporção da superfície territorial; – 8% de acordo com o critério ecológico.

Fonte: elaborado pela autora.

Observa-se que o art. 3º da Lei nº 5.645/1991 estabelecia que 15% do valor seria distribuído igualmente entre todos os municípios, ou seja, não havia nenhum critério específico para a distribuição. Com a instituição do ICMS Verde, esse percentual foi reduzido para 7%, devendo os municípios cumprir critérios ecológicos para que pudessem receber os 8% restantes. Observa-se também que os percentuais de repasse estão de acordo com o que estabelecia o art. 158, IV, parágrafo único, I e II, da Constituição de 1988, antes da atualização da EC nº 108/2020.

Assim, surgiu o percentual destinado ao ICMS Verde no estado, que normatizou critérios ambientais para o repasse do respectivo imposto aos municípios, com o objetivo de compensar as municipalidades que mantêm em seus territórios unidades de conservação, as quais, de acordo com o art. 1º, I, da Lei 9.985/2000 (BRASIL, 2000), são espaços territoriais cujos recursos ambientais são instituídos pelo Poder Público, com objetivos definidos de conservação e limites, sob regime especial e a proteção da lei; ou seja, trata-se de áreas naturais passíveis de proteção por suas características especiais e que poderiam ser úteis economicamente ao município.

Outro detalhe importante a ser mencionado é que o argumento mais forte que permeou a institucionalização da lei do ICMS Verde no estado do Pará foi a redução e o controle das taxas de desmatamento ilegal nos municípios. Em vista disso, não se seguiu a tendência dos demais estados brasileiros de incluir critérios com aspectos socioambientais (OLIVEIRA; TUPIASSU, 2016).

O Decreto regulamentador nº 775/2013 foi revogado pelo Decreto nº 1.696/2017 (PARÁ, 2017), que redimensionou os pesos, critérios e indicadores para o repasse do ICMS Verde aos municípios, ou seja, estipulou quatro fatores, medidos pelo órgão estadual responsável pela apuração do valor do repasse:

- Fator 1: Regularização Ambiental, composto dos seguintes indicadores: Cadastro Ambiental Rural (CAR); Área de Preservação Permanente (APP); Reserva Legal (RL); e Área Degradada (AD);
- Fator 2: Gestão Territorial, composto dos seguintes indicadores: Áreas Protegidas de Uso Restrito; Áreas Protegidas de Uso Sustentável; Desflorestamento; e Desflorestamento em Áreas Protegidas;
- Fator 3: Estoque Florestal, formado por um único indicador (Remanescente Florestal);
- Fator 4: Fortalecimento da Gestão Ambiental Municipal, composto de um único indicador (Capacidade de Exercício da Gestão Ambiental).

O último fator é preenchido mediante autodeclaração pelo município, o que, segundo Gonçalves (2019, p. 87), não gera segurança quanto à qualidade da gestão ambiental.

> Diante desse fato, e da necessidade da SEMAS de adequar-se aos ditames constitucionais, passou-se a utilizar como base de dados para o Fator 4 apenas a autodeclaração do Município, considerando-se apto a realizar a gestão ambiental ou não, ou seja, a qualidade da gestão ambiental local, em nenhum momento, passa por uma avaliação.

Observa-se, ainda, que ao menos dois fatores exigidos independem de ação dos gestores ambientais, sobretudo o fator 1, cujo indicador é o Cadastro Ambiental Rural (CAR), o qual não depende exclusivamente do gestor municipal, mas de terceiros, ou seja, de proprietários de terras.

O CAR tem por objetivo auxiliar a Administração Pública no processo de regularização ambiental de propriedades e posses rurais, conforme previsto na Lei nº 12.651/2012 (BRASIL, 2012), no âmbito do Sistema Nacional de Informação sobre o Meio Ambiente (SINIMA).

Trata-se de um registro eletrônico, obrigatório a todos os imóveis rurais; entretanto, depende de terceiros, cabendo ao município a fiscalização.

O fator 3 também pode gerar dúvidas na forma de apuração; esse critério é denominado "Estoque Florestal", conceito não especificado na Lei nº 7.638/2012, mas considerado no cálculo do ICMS Verde. Entretanto, este livro não visa discutir os critérios exigidos pela lei estadual, que, diante de sua relevância, poderá ser tema de outro estudo.

De certa forma, a apuração dos fatores ou critérios ambientais pode gerar incerteza, insegurança e desestímulo aos gestores ambientais pelo fato de não depender exclusivamente da gestão municipal ou não especificar o que seria estoque florestal, por exemplo. Além disso, os municípios que mais desmatam recebem mais recursos do imposto, a exemplo dos municípios prioritários (TUPIASSU; FADEL; GROS-DÉSORMEAUX, 2019).

Tais municipalidades são uma categoria criada pelo Decreto nº 6.321/2007 (BRASIL, 2007) do Governo Federal, que atribui ao Ministério do Meio Ambiente (MMA) a responsabilidade pela edição anual da Portaria com a lista dos municípios prioritários. Para a inclusão, levam-se em consideração os seguintes critérios, também fixados por portaria do MMA: (i) área total de floresta desmatada no território do município; (ii) área total de floresta desmatada nos últimos três anos; e (iii) aumento da taxa de desmatamento em pelo menos três dos últimos cinco anos. Em outras palavras, os municípios prioritários são os que mais desmatam e que requerem maior atenção do Poder Público.

Assim, o incremento nas receitas municipais não alcançou todos, o que pode ser evidenciado nos demonstrativos de repasse do ICMS apresentado no *site* do órgão fiscal estadual repassador, o que leva a acreditar que o instrumento deve ser aprimorado para que consiga promover os objetivos primórdios, assim como distribuído com equidade aos municípios; além disso, deve ser transparente e de fácil compreensão.

No entanto, cinco anos depois da implementação da Lei nº 7.638/2012 (PARÁ, 2012), ainda não há como afirmar se a política ecológica está sendo efetiva na proteção ambiental e, sobretudo, no combate às taxas de desmatamento no Pará. Tal constatação é possível quando se observa que entre os dez municípios que mais auferiram receita do ICMS Verde, em 2018, ao menos sete constam na lista dos municípios prioritários (TUPIASSU, FADEL, GROS-DÉSORMEAUX, 2019, p. 21)

Além disso, conforme o Boletim do Desmatamento elaborado por Fonseca et al. (2018) e divulgado pelo Instituto do Homem e

Meio Ambiente da Amazônia (IMAZON), a taxa de desmatamento ilegal continua a subir. Em dezembro de 2018, o Sistema de Alerta de Desmatamento (SAD) detectou 246 quilômetros quadrados de desmatamento na Amazônia Legal, aumento de 34% em relação a dezembro de 2017, quando o desmatamento somou 184 quilômetros quadrados. Desse total, 48% são do Pará, seguido pelos estados do Mato Grosso (35%), Rondônia (7%), Amazonas (5%), Roraima (3%), Acre e Amapá (1%).

No Boletim de Desmatamento na Amazônia Legal de julho de 2019, o IMAZON apresenta dados e alertas sobre o crescente e assustador desmatamento na Amazônia, atingindo cerca de 5.044 quilômetros quadrados, o que corresponde a um aumento de 15% em relação ao mesmo período do ano anterior. À época, o estado do Pará liderava o *ranking*, com 44% de florestas degradadas (FONSECA et al., 2019).

Em novembro de 2019, o IMAZON novamente divulgou boletim demonstrando aumento de 23% em relação a novembro de 2018. O estado do Pará continua liderando o *ranking*, com desmatamento de 58%, seguido por Mato Grosso (16%), Rondônia (9%), Amazonas (8%), Acre (4%), Roraima (3%), Amapá (1%) e Tocantins (1%) (FONSECA et al., 2019)

Nos boletins, foi possível observar os municípios mais críticos, ou seja, aqueles que mais desmataram as florestas. Em julho, dos dez municípios apresentados, quatro são do estado do Pará, os mesmos que mais receberam recursos do ICMS Verde em julho de 2019. Já em novembro, apenas quatro meses depois, esse número duplicou, ou seja, dos dez municípios apresentados, oito são paraenses, estando também entre os municípios que mais receberam repasse do imposto, conforme demonstrado no Quadro 2.

Quadro 2 – *Ranking* dos municípios críticos em desmatamento *versus* municípios com mais recursos do ICMS Verde (julho e novembro de 2019)

Julho/2019				Novembro/2019			
Municípios críticos	*Ranking* IMAZON	Municípios com mais ICMS Verde	*Ranking* SEFA/PA	Municípios críticos	*Ranking* IMAZON	Municípios com mais ICMS Verde	*Ranking* SEFA/PA
Altamira	1º	São Félix do Xingu	1º	Pacajá	1º	São Félix do Xingu	1º
São Félix do Xingu	2º	Altamira	2º	Senador José Porfírio	2º	Altamira	2º
Itaituba	6º	Novo Progresso	12º	Portel	3º	Pacajá	6º
Novo Progresso	7º	Itaituba	13º	Anapú	4º	Novo Repartimento	8º
				Novo Repartimento	5º	Portel	9º
				São Félix do Xingu	6º	Anapú	19º
				Altamira	7º	Uruará	23º
				Uruará	9º	Senador José Porfírio	42º

Fonte: adaptado de Fonseca et al. (2019) e SEMAS (2019).

Em síntese, verifica-se que os municípios que mais receberam recursos do ICMS Verde paraense são os que mais desmatam suas florestas (municípios prioritários ou críticos), em ordem decrescente, por volumes de recursos recebidos do ICMS Verde em 2018 e 2019, conforme ilustram as tabelas 1 e 2.

Tabela 1 – Municípios prioritários (2017) e repasse do ICMS Verde (2018)

Nº	Municípios prioritários (2017)	ICMS Verde, em reais (2018)	Colocação no *ranking* por recebimento do ICMS Verde
1	São Félix do Xingu	3.241.457,62	1º
2	Altamira	2.720.923,46	2º
3	Novo Progresso	1.976.160,62	5º
4	Itaituba	1.952.719,53	7º
5	Cumaru do Norte	1.943.399,03	8º
6	Marabá	1.863.106,81	9º
7	Portel	1.953.483,50	10º
8	Novo Repartimento	1.803.373,04	11º
9	Pacajá	1.840.721,83	12º
10	Senador José Porfírio	1.519.911,52	18º
11	Itupiranga	1.468.881,42	20º
12	Anapú	1.572.319,56	28º
13	Moju	1.529.122,84	31º
14	Rondon do Pará	1.509.861,08	32º

Fonte: adaptada de Ministério do Meio Ambiente – Lista dos Municípios Prioritários (2017) e SEMAS (2018).

Tabela 2 – Municípios prioritários 2018 e
repasse do ICMS Verde (2019)

Nº	Municípios prioritários (2018)	ICMS Verde, em reais (2019)	Colocação no *ranking* por recebimento do ICMS Verde
1	São Félix do Xingu	3.668.348,53	1º
2	Altamira	2.707.729,60	2º
3	Cumarú do Norte	2.286.056,31	5º
4	Pacajá	2.102.546,53	6º
5	Marabá	2.098.266,37	7º
6	Novo Repartimento	2.074.030,06	8º
7	Portel	1.991.865,24	9º
8	Novo Progresso	1.937.816,71	12º
9	Itaituba	1.889.287,94	13º
10	Rondon do Pará	1.772.698,88	14º
11	Mojú	1.710.507,31	16º
12	Itupiranga	1.684.072,36	18º
13	Anapú	1.668.445,11	19º
14	Uruará	1.626.109,70	23º
15	Placas	1.531.533,90	36º
16	Senador José Porfírio	1.504.703,64	42º

Fonte: adaptada de Ministério do Meio Ambiente – Lista dos Municípios Prioritários (2018) e SEMAS (2019).

Em 20 de novembro de 2018, foi publicada no Diário Oficial da União a Portaria nº 427/2018 (BRASIL, 2018), que estabelece novos critérios para a inclusão na lista de municípios prioritários de 2018. Na mesma data foi publicada a Portaria nº 428/2018 (BRASIL, 2018), em que consta a entrada dos municípios de Placas e Uruará na mesma lista. Assim, a lista do ano anterior (2017) foi praticamente repetida, com a diferença de dois municípios inclusos.

Nota-se que seria prudente e compatível com a política do PSA e, por conseguinte, do ICMS Verde que os municípios que mais reduzissem suas florestas por meio do desmatamento sofressem redução na receita do imposto, uma vez que geram externalidades negativas com suas ações ambientalmente maléficas. O inverso também deveria ser verdadeiro, ou seja, os municípios que menos desmatassem deveriam receber mais, dado que geram externalidades positivas e são verdadeiros provedores dos serviços ambientais, pois, em tese, protegem a floresta, o que condiz com a função compensatória da política aqui discutida.

Contudo, reduzir os recursos pode ser uma medida não tão acertada. O ICMS Verde pode despertar a consciência fiscalizatória ecológica, visto que o desmatamento ilegal, em regra, é causado por terceiros, sem a aquiescência do Poder Público local, que muitas vezes, entretanto, deixa a política ambiental em segundo plano, tendo em vista as inúmeras demandas dos munícipes diante de recursos finitos. Por isso, os valores desse repasse são úteis aos municípios paraenses, dos quais a maioria vive às expensas de transferências constitucionais. Portanto, reduzi-los pode não ser a solução para a redução da taxa de desmatamento, que, ao contrário, poderá aumentar.

Dias (2013), em estudo sobre as unidades de conservação, concluiu que os investimentos utilizados são escassos, havendo desproporção de recursos em todo o território nacional, mas ressalta que é indispensável que as unidades de conservação sejam uniformemente consolidadas, o que só pode ser feito por meio de investimentos que sejam suficientes para suprir as necessidades e garantir o cumprimento dos objetivos de gestão.

Na mesma lógica, Costa et al. (2015) consideram que os efeitos positivos indiretos das unidades de conservação na gestão municipal são possíveis desde que o recurso de ICMS Verde seja aplicado com eficiência, devendo-se considerar as carências do município em termos não apenas de serviços sociais, mas também de projetos ambientais, ampliando inclusive as áreas protegidas.

O próximo capítulo abordará a questão da receita do ICMS Verde quando repassada aos municípios, em especial quanto à vinculação aos fundos municipais de meio ambiente.

CAPÍTULO 2

FUNDO MUNICIPAL DE MEIO AMBIENTE E A (NÃO) VINCULAÇÃO DA RECEITA TRANSFERIDA DO ICMS VERDE

Este capítulo visa tratar da vinculação das receitas do ICMS Verde aos fundos municipais de meio ambiente, mencionada no art. 4º da Lei nº 7.638/2012, para discutir os princípios constitucionais da autonomia municipal e da não vinculação da receita de impostos a órgão, fundos ou despesa.

No intuito de aprofundar a discussão sobre essas questões, abordar-se-á, em um primeiro momento, a problemática da vinculação de receitas tributárias a fundos, uma vez que no Brasil tornou-se prática comum reservar previamente recursos tributários a fundos de diversas finalidades, sempre fundamentado em lei diversa da lei orçamentária. Na sequência, será tratado o comando normativo quanto à destinação dos recursos do ICMS Verde paraense para discutir as imposições da lei estadual paraense que interferem na competência municipal de legislar em matéria de interesse local, que por vezes dificulta o repasse de imposto. Por fim, tratar-se-á da vinculação de receita transferida do ICMS Verde aos fundos de meio ambiente com o intuito de tratar sobre a natureza da receita transferida aos municípios e a vinculação/destinação aos fundos ambientais.

2.1 A problemática da vinculação de receitas tributárias a fundos

Os fundos, no dizer de Bassi (2019, p. 7), "são velhos conhecidos do setor público brasileiro. Remontam ao Brasil colonial, disseminando-se, de modo irregular, com o decorrer do tempo". Conti (2001, p. 75) define fundo como "um conjunto de recursos utilizados como instrumento de distribuição de riqueza, cujas fontes de receita lhe são destinadas para uma finalidade determinada ou para serem redistribuídas segundo critérios preestabelecidos".

Segundo Oliveira (2010, p. 311), no Direito Financeiro, a palavra "fundo" tem dois significados: "a) vinculação de receitas para aplicação em determinada finalidade; e b) reserva de recursos para distribuição a pessoas jurídicas determinadas". Ainda conforme o mesmo autor, o primeiro tipo pode ser classificado como fundo de destinação, cabendo à lei complementar dispor a respeito de sua instituição e seu funcionamento, nos termos do inciso II do §9º do art. 165 da Carta Magna; a segunda espécie corresponde aos fundos de participação dos estados e dos municípios, os quais têm caráter tributário e encontram-se nos arts. 157 a 162 do texto constitucional. Ambas as modalidades representam instrumentos de "distribuição de receitas para atender a determinadas finalidades" (OLIVEIRA, 2010, p. 316).

A transferência dos recursos aos fundos pode ser considerada, portanto, materialização da vinculação (liame normativo entre receita e despesa) e afetação (finalidade da despesa e destinação do recurso) de receita tributária, pois há previsão legal e uma finalidade predeterminada que justifica certa despesa.

A Lei nº 4.320/1964, recepcionada como Lei Complementar, que traz as normas gerais de Direito Financeiro, regula os fundos, denominados por ela "especiais", que operacionalizam a vinculação de receitas especificadas por lei à realização de determinados objetivos ou serviços, a partir de dotações consignadas na lei de orçamento ou em créditos adicionais. Uma vantagem desse tipo de dotação destinada pela lei orçamentária a fundos especiais é que um eventual saldo positivo do fundo ao final do exercício será transferido para o exercício seguinte a crédito do mesmo fundo, salvo determinação em contrário da lei que o instituiu.

A citada LC determina, portanto, que a criação de fundos seja feita por lei e, embora a anteceda, encontra consonância no disposto no art. 167, IX, da Carta Magna, que veda a instituição de fundo de qualquer natureza sem prévia autorização legislativa.

Vários fundos, porém, têm fundamento na própria Constituição, que estabelece regras acerca dos recursos que os compõem, bem como de seus beneficiários. Esse é o caso, por exemplo, dos fundos de participação dos estados e dos municípios, que funcionam como instrumentos primordiais no federalismo fiscal, servindo para a equalização interfederativa. Di Pietro (2004, p. 76) ensina que se trata de meios de operacionalização de transferências intergovernamentais obrigatórias, indiretas e não vinculadas, com regulamentação prevista em lei complementar. Os Fundos de Participação dos estados recebem da União 21,5% do que for arrecadado com o Imposto de Renda e sobre o IPI; por sua vez, os Fundos de Participação dos Municípios recebem 22,5% da arrecadação também do Imposto de Renda e do IPI.

Ressalte-se que o art. 167, IV, da Carta da República caracteriza a transferência de receita aos fundos previstos no art. 159 como ressalvas ao princípio da não vinculação.

No entender de Scaff (2014, p. 258), a vinculação da receita "corresponde a um *liame normativo* (constitucional ou legal) estabelecido para a receita unindo-a a certa despesa, órgão ou fundo. Trata-se de um conceito *relacional*". Desse conceito, o autor distingue a afetação, que se correlaciona com a "finalidade a ser realizada com aquela despesa", identificando, porém, entrelaçamento entre os termos.

Para Bös (2000, p. 439), porém, a vinculação de receitas corresponde à destinação de uma receita específica ao financiamento de uma tarefa estatal específica, ou seja, o elemento que caracteriza as vinculações de receita é o elo jurídico entre fonte e destino.

As repartições federativas mencionadas reservam determinada parcela de receita para determinados entes; no entanto, agem apenas como um mecanismo de operacionalização de transferências. No outro extremo do elo jurídico das transferências federativas, não há o estabelecimento de um vínculo para qualquer despesa.

Assim, embora, em regra, os fundos sejam utilizados como instrumentos para a vinculação de receitas, nota-se que os Fundos de Participação se constituem em meros instrumentos de repartição de receita, que não se confundem com instrumentos de vinculação, visto que não destinam receita a finalidades específicas, inexistindo uma despesa ou operação no destino. Na esteira do mencionado anteriormente, portanto, não se trata, a rigor, de exceção ao princípio da não vinculação da receita de impostos.

Ao lado dos Fundos de Participação há inúmeros outros fundos de natureza constitucional, como o Fundo de Manutenção e Desenvolvimento da Educação Básica e de Valorização dos Profissionais de Educação (FUNDEB), previsto no art. 60 do Ato das Disposições

Constitucionais Transitórias (ADCT); o Fundo de Erradicação da Pobreza, previsto no art. 82 do ADCT; o Fundo de Desenvolvimento das Regiões Norte (FNO), Nordeste (FNE) e Centro-Oeste (FCO); entre outros. Segundo Conti (2001), esses fundos distribuem recursos aos destinatários, condicionando o uso a uma finalidade predeterminada.

É curioso notar que, comumente, esses fundos são financiados com receita de impostos e, mais uma vez, embora sejam tratados como instrumentos de vinculações constitucionalmente autorizadas, as transferências de recursos realizadas a esses fundos remetem à ideia de repartição de receita entre os entes federados, que não se coaduna com o conceito de vinculação de receitas, por não coligar a receita a uma despesa predeterminada (CARVALHO, 2010).

Em verdade, trata-se de estratégia de repartição do produto da arrecadação de tributos a partir de uma modalidade indireta, conforme se depreende da explicação de Oliveira (2010, p. 38):

> Esta repartição do produto da arrecadação, por sua vez, pode ocorrer pela participação na arrecadação de determinado tributo ou pela participação em fundos. (...) Com *a participação em fundos* dá-se a chamada *participação indireta* na arrecadação. Esta participação ocorre quando parcelas de um ou mais tributos são destinadas à formação de fundos, e posteriormente os recursos que compõem os fundos são distribuídos aos beneficiários, segundo critérios previamente definidos.

Nota-se, então, que os fundos de natureza constitucional, em regra, funcionam como instrumentos de repartição de receitas de impostos, dentro das estratégias de distribuição de riquezas e atendimento de necessidades fundamentais no âmbito do federalismo fiscal.

No entanto, existem outros fundos, chamados de "fundos de destinação", que se prestam à vinculação de receitas para aplicação em finalidade certa. Estes seguem as regras dos arts. 71 a 74 da Lei nº 4320/1964, são instituídos pela legislação infraconstitucional e sujeitam-se ao art. 167, IV, da Constituição, não podendo vincular receita de impostos para seu financiamento. Exemplos nesse sentido são os fundos municipais de incentivo à cultura; da pessoa idosa; dos direitos da criança e do adolescente; de trânsito; do meio ambiente; entre outros.

As transferências a esses fundos trazem a ideia de conforto aos gestores locais que buscam desenfreadamente afetar receitas a finalidades específicas. Em verdade, na esteira do pensamento de Scaff (2016, p. 173):

Pode-se dizer que todos buscam capturar uma fração das receitas orçamentárias para chamar de sua, a fim de não necessitar disputar com os demais setores da sociedade e, assim, amarrar o legislador orçamentário de forma perene àquele gasto público.

Conforme mencionado, porém, esses fundos não podem vincular receitas de impostos. Note-se, entretanto, que os fundos também não podem ser financiados por taxas, devido às peculiaridades desses tributos, que, na prática, já estão vinculadas ao custeio das atividades a que se referem diretamente pela prestação efetiva ou potencial do serviço público ou, ainda, pelo exercício do poder de polícia.

Não obstante, ainda que as fontes de recursos capazes de nutrir os fundos pareçam restritas, esses instrumentos proliferam-se hodiernamente, voltando-se à vinculação de receitas destinadas ao cumprimento dos mais variados objetivos ou serviços, aumentando a grande rigidez orçamentária já existente no país.

O tema ganha especial importância no estudo do ICMS Verde paraense. A Lei nº 7.638/2012, que introduziu a política do ICMS Verde no Pará, estipulou, no art. 4º:

> Art. 4º A destinação dos recursos a que cada município tiver direito, em função da presente Lei, será definida em legislação municipal, *com ênfase na operacionalização do Fundo Municipal do Meio Ambiente e sua gestão pelo Conselho Municipal do Meio Ambiente* (PARÁ, 2012; grifo nosso).

Um dos pontos que salta aos olhos é quando a norma, além de sugerir (ou determinar) que o município legisle, de modo a não apenas criar um fundo municipal (conforme disposto no art. 3º, II, de tal lei estadual),[14] orienta a destinação a ser dada pelo município de receita por ele recebida, ou seja, de repassar a tal fundo os recursos recebidos da cota-parte de ICMS, cuja transferência segue o critério ecológico, conforme aduz a segunda parte do artigo: "(...) com ênfase

---

[14] Art. 3º Para fruição do tratamento especial de que trata esta Lei, cada município deverá organizar e manter seu próprio Sistema Municipal do Meio Ambiente, que privilegie a participatividade e seja composto, no mínimo, por: I – Conselho Municipal do Meio Ambiente, de caráter deliberativo e composição socialmente paritária; II – Fundo Municipal do Meio Ambiente; III – órgão público administrativo executor da Política Municipal do Meio Ambiente, dotado de recursos humanos, materiais e financeiros adequados e suficientes para exercer suas funções, em especial, a implantação do processo de planejamento e o Plano Municipal do Meio Ambiente, visando consolidar a Agenda 21 Local; IV – demais instrumentos de política pública e participativa necessários à plena execução da Política Municipal do Meio Ambiente (PARÁ, 2012).

na operacionalização do Fundo Municipal do Meio Ambiente e sua gestão pelo Conselho Municipal do Meio Ambiente".

Assim, a lei estadual sugere que a lei municipal vincule a fundo específico as receitas transferidas de cota-parte de ICMS, o que contrasta com o disposto no art. 167, IV, da Constituição da República, que veda a vinculação da receita de impostos a qualquer fundo ou despesa.

Segundo Nabais (1998), o princípio da não vinculação dos impostos ali versado tem o intuito de oferecer flexibilidade na gestão da receita desse tributo, que serve de elemento fundante do estado Fiscal. Isso possibilita que os recursos sejam carreados mais livremente para as programações das políticas públicas que mais necessitem deles, sem reduzir a margem de distributividade que lhes é inerente (DERZI, 2014).

As receitas dos impostos devem fazer frente às despesas eleitas, prioritariamente, pelo parlamento, para que haja planejamento democrático e participativo de seu uso, uma vez que o excesso de vinculações implica comprometimento prévio das receitas pelo legislador tributário/financeiro, retirando do legislador orçamentário a faculdade de planejar e decidir o destino das receitas públicas (DERZI, 2014).

Conforme já mencionado, todavia, o uso do termo "vinculação de receitas" pelo próprio texto Constitucional encontra-se permeado de impropriedades.

De início, o princípio da não vinculação é também conhecido como princípio da não afetação, dando ideia de que tais termos (vinculação e afetação) seriam sinônimos, contrariando em parte a distinção referida anteriormente, a partir da doutrina de Scaff (2016, p. 167), segundo a qual "(...) vinculação é um instrumento financeiro formal, enquanto a afetação é uma técnica financeira de conteúdo, pois cria um objetivo a ser alcançado com aquele recurso, usualmente de conteúdo social, de investimento ou de garantia".

Ademais, o texto constitucional, no próprio art. 167, IV, menciona como "exceções" ao princípio da não vinculação:

> Art. 167 São vedados:
> (...)
> IV – a repartição do produto da arrecadação dos impostos a que se referem os arts. 158 e 159, a destinação de recursos para as ações e serviços públicos de saúde, para manutenção e desenvolvimento do ensino e para realização de atividades da administração tributária, como determinado, respectivamente, pelos arts. 198, §2º, 212 e 37, XXII, e a prestação de garantias às operações de crédito por antecipação de

receita, previstas no art. 165, §8º, bem como o disposto no §4º deste artigo (BRASIL, 1988).

Verifica-se, pois, que a Constituição trata como ressalvas ao princípio da não vinculação tanto a repartição do produto da arrecadação de impostos quanto os gastos obrigatórios a algumas finalidades. Note-se, porém, que, na esteira do pensamento de Carvalho (2010, p. 81), a "repartição das receitas governamentais não se coaduna com o conceito de vinculação de receitas, por não coligar a receita a uma despesa predeterminada". Diante disso, as transferências governamentais previstas nos arts. 158 e 159 da Constituição não correspondem a vinculações de receitas, não constituindo, portanto, exceções ao princípio instituído no art. 167, IV.

O mesmo ocorre quanto à segunda ressalva feita pelo dispositivo constitucional, referente à destinação de recursos para as atividades que menciona. Trata-se, em verdade, de gastos ou despesas obrigatórias. No dizer de Giacomoni (2011, p. 354), "[d]iferentemente da vinculação da receita, a despesa obrigatória, resulta de legislação que cria benefícios independentemente da existência de fonte de recursos para atendê-los".

Desse modo, é possível observar que, no ordenamento jurídico brasileiro, há tributos cuja receita é vinculada ao financiamento de tarefas estatais específicas, como é o caso das taxas, contribuições de melhoria e contribuições.

As receitas obtidas com impostos, todavia, não podem ser vinculadas, por força do princípio inscrito no art. 167, IV, da Constituição Federal. Em que pese o texto constitucional prever hipóteses que denominam tal regra como "ressalva", é necessário ter em mente que, em verdade, os dispositivos constitucionais ali ressalvados consagram despesas obrigatórias ou transferências intergovernamentais, que não se confundem com o conceito de "vinculação de receitas", caso considerado o rigoroso sentido técnico-jurídico do termo já especificado.

Portanto, verifica-se que, de fato, não há exceções ao princípio que proíbe a vinculação das receitas obtidas com impostos, sendo a não vinculação de receitas característica essencial dessa espécie tributária que, se ausente, faz que ela se confunda com as contribuições, cujo fato gerador não é vinculado a uma atividade estatal (assim como os impostos), mas cuja receita é dotada de vinculação específica.

Em que pese não encontrar fundamento no ordenamento constitucional, a vinculação da receita de impostos a fundos vem sendo uma constante na realidade brasileira e, como visto, encontra-se inscrita na norma que instituiu o ICMS Verde no estado do Pará. Tal comando normativo merece, ainda, contraponto, diante da autonomia financeira conferida aos municípios.

2.2 O comando normativo quanto à destinação do ICMS Verde paraense

Conforme mencionado, o art. 4º da Lei 7.638/2012 determina, impropriamente, que os recursos recebidos em razão dos critérios ecológicos pelos municípios paraenses sejam destinados de forma a dar "ênfase na operacionalização do Fundo Municipal do Meio Ambiente", violando o disposto no art. 167, §7º, da Constituição da República.

Para além disso, a primeira parte do comando normativo menciona que "a destinação dos recursos a que cada município tiver direito, em função da presente Lei, será definida em legislação municipal", colocando em discussão o princípio constitucional da autonomia do ente municipal, uma vez que esses entes têm o direito de criar as próprias leis sem depender de ordens de outro ente superior. Entretanto, contrariando a Constituição, a Lei Estadual ordena aos municípios que legislem e, ainda, que legislem sobre o destino da receita de imposto.

Sob o ponto de vista puramente federativo, já é duvidosa a possibilidade de o estado se impor na seara de competências municipais, notadamente no que tange à capacidade de legislar em matéria de interesse local, ou gerir as respectivas receitas orçamentárias, bem como organizar e executar os serviços públicos que lhe competem. Em outras palavras, uma lei estadual que determine como o município deve gerir as receitas ou legislar em matéria financeira (isto é, criar fundos e destinar recursos a eles) não parece compatível com a autonomia federativa constitucionalmente conferida a tais entes.

Nessa perspectiva, a Constituição de 1988 assegurou aos municípios quatro capacidades: (i) de auto-organização, por meio de uma lei orgânica elaborada e promulgada por sua câmara de vereadores, sem interferência de qualquer espécie de Legislativo estadual ou federal; (ii) de autogoverno, exercida pelos prefeitos e vereadores eleitos pelo voto direto e secreto; (iii) de autolegislação sobre assuntos de interesse local e outros, de forma suplementar e concorrente; e (iv) de autoadministração, para arrecadar os tributos de sua competência, aplicar suas receitas e prestar serviços públicos à comunidade local. Assim, junto à

União, aos estados e ao Distrito Federal, o município é um ente federativo dotado de autonomia política e administrativa.

O art. 30 da Constituição determina que o município tem competência legislativa para tratar/legislar temas de interesse local. Ressalta-se que, quando o texto constitucional menciona "interesse local", não quer dizer que a competência legislativa municipal irá tratar apenas de tema específico àquele determinado município. Nessa perspectiva, Alves (2004, p. 527) menciona que "tal previsão não exclui em absoluto os demais entes da Federação, uma vez que pode haver, sobretudo em Direito Ambiental, um liame muito tênue entre aquilo que é da esfera do interesse nacional, regional e local".

Assim, a destinação da receita do ICMS Verde é tema de interesse local, cabendo ao orçamento municipal definir o que fazer com o recurso que pertence ao município.

Poder-se-ia alegar que o disposto no art. 158, parágrafo único, II, da Constituição dá ampla liberdade[15] ao estado para definir os critérios a serem seguidos pelos municípios a fim de que possam receber a parcela de ICMS a que se refere a lei estadual. No entanto, quanto a esse ponto, o Supremo Tribunal Federal já se manifestou no sentido de que, em que pese ter sido dada competência ao estado para o estabelecimento de critérios de repasse de parte do ICMS pertencente aos municípios, "não pode a legislação estadual (...) alijar por completo um Município da participação em tais recursos" (BRASIL, 2007, p. 5).

Isso significa que os critérios definidos pela lei estadual devem abranger todos os municípios do estado e *poder* ser alcançados por estes, sendo um "direito subjetivo dos municípios" (BRASIL, 2019, p. 13), ainda que, com base em tais critérios, seja possível que alguns municípios recebam mais que outros. Não há, portanto, ampla e irrestrita liberdade ao legislador estadual para fixar os critérios de repasse da cota-parte municipal de ICMS.

Ademais, caberia tão somente ao município legislar em matéria de interesse local, como gerir suas receitas orçamentárias, bem como organizar e executar os serviços públicos que lhe competem. Não há justificativa no ordenamento constitucional que conceda ao estado a

---

[15] Esta ampla liberdade foi delimitada pela EC nº 108/2020, que, dando nova redação ao dispositivo, tornou obrigatória a distribuição de, no mínimo, dez pontos percentuais do montante definido em lei estadual com base em indicadores de melhoria nos resultados de aprendizagem e de aumento da equidade, considerado o nível socioeconômico dos educandos.

prerrogativa de se impor na seara de competências municipais e, ainda, necessariamente custeadas pelos acréscimos financeiros decorrentes das receitas transferidas de cota-parte de ICMS pertencente aos municípios paraenses.

É perceptível que o fato do comando, consubstanciado em lei, que sai do estado para que os municípios cumpram determinada ordem política, poderá ocasionar problemas no pacto federativo, tornando-se visível a interferência na autonomia municipal, mesmo que se trate de política de extrema importância, como a ambiental. Isso porque admitir essa possibilidade é contrariar um dos princípios mais importantes da República, que é a autonomia dos entes federativos, qual seja, a autonomia financeira, que encontra fundamento na imprescindibilidade da disposição de recursos financeiros, sejam estes próprios ou constitucionalmente assegurados por meio das transferências, para que os entes federativos descentralizados possam cumprir suas funções delimitadas no texto Constitucional.

Nessa perspectiva, como menciona o Ministro Relator Gilmar Mendes na ADI nº 2.421 (2019, p. 12), "(…) não cabe adotar a técnica da interpretação conforme à Constituição para restringir (…) a partilha da parcela de um quarto da cota-parte do ICMS" e, ainda, "lei estadual que pretenda disciplinar o art. 158, parágrafo único, II, do texto constitucional, deve abranger todos os municípios do estado, e não somente alguns, não sendo admitida a exclusão, de qualquer ente (art. 158, parágrafo único, II, CRFB/88)" (BRASIL, 2019, p. 16).

Extrai-se desse entendimento que em nenhuma hipótese o legislador estadual poderá dificultar o repasse do imposto a nenhum município com o argumento de que a municipalidade não legislou, não vinculou ou mesmo não deu "ênfase" ao repasse ao fundo municipal de meio ambiente, uma vez que os recursos pertencem aos municípios e, antes da alteração na Lei nº 5.645/1991, todos recebiam igualmente.

Na mesma linha se pronunciou o Ministro Joaquim Barbosa, conforme se verá no trecho do voto no Recurso Especial (RE) nº 401.953-1/RJ, *verbis*:

> FINANCEIRO. IMPOSTO SOBRE CIRCULAÇÃO DE MERCADORIAS – ICMS. PARTILHA E REPASSE DO PRODUTO ARRECADADO. ART. 158, IV, PARÁGRAFO ÚNICO, II, DA CONSTITUIÇÃO FEDERAL DE 1988. LEGISLAÇÃO ESTADUAL. EXCLUSÃO COMPLETA DE MUNICÍPIO. INCONSTUTICIONALIDADE.
> (…)

Como se observou, a destinação de três quartos de vinte e cinco por cento do produto arrecadado com o ICMS aos municípios (mecanismo do art. 158, par. ún, I) não afasta a destinação da cota de um quarto de vinte e cinco por cento, que continua sendo para partilha de todos os municípios relacionados ao estado-membro arrecadador. A circunstância de um determinado município, em razão do quadro fático ao qual está submetido, ter maior participação no rateio calculado com base no valor agregado (inciso I) não anula, por si, o direito constitucional à participação calculada com base nos critérios estabelecidos pela legislação estadual (inciso II).

Ainda que ínfima, em razão dos eventuais elementos de cálculo extraídos da política de desenvolvimento social e econômico da região, a pretensão à percepção dos recursos pertinentes ao quinhão no quarto da quarta parte da arrecadação do ICMS encontra fundamento de validade no art. 158, IV, parágrafo único, e II, da Constituição.

Uma vez que a legislação ordinária elegeu critérios objetivos para mensuração do rateio do produto arrecadado, viola a Constituição norma que, ignorando tais critérios, simplesmente exclui um ente federado da respectiva partilha (BRASIL, 2007, p. 1-2).

Portanto, o ente estadual não pode deixar de repassar um recurso que, constitucionalmente, pertence aos municípios, sob o argumento de que estes não legislaram sobre determinado assunto de interesse local, a exemplo da Lei nº 7.638/2012. Nesse caso, a solução mais acertada seria a não interferência do estado nos municípios, para que estes possam destinar os recursos do ICMS Verde na Lei Orçamentária Anual (LOA), uma vez que se trata de receita orçamentária e assim deve ser considerada. Aliás, essa seria a forma mais adequada de destinar a receita do referido imposto, uma vez que a gestão municipal conhece as particularidades de seu município e decide em que irá destiná-las.

2.3 A vinculação da receita transferida do ICMS Verde aos fundos de meio ambiente municipais

Como vimos, o único instrumento que efetivamente destina recursos aos fundos é a LOA emanada pelo município. Nenhuma lei de criação ou lei regulamentadora de fundos é capaz de efetivamente operacionalizar qualquer vinculação de receitas. Eventual norma prévia, determinando o repasse de recursos a fundos, apenas se destina ao legislador orçamentário, o qual, no pouco de discricionariedade que lhe resta, guarda a prerrogativa de obedecê-las ou não, optando por destinar ou não receitas orçamentárias aos fundos.

O senso comum sobre o tema e a impropriedade técnica com que é tratado, todavia, faz que ocorra uma multiplicação de leis emanadas pelas três esferas federativas que criam fundos e definem expressamente as fontes de financiamento. Diante da celeuma que envolve tal instrumento, culmina-se por considerar que tais "leis de destinação" de fato criam uma vinculação orçamentária e, portanto, garantem que os ditos recursos sejam efetivamente repassados aos fundos e, por conseguinte, às finalidades por eles perseguidas.

Dessa forma, diante do tratamento lacunoso e/ou complexo dado aos fundos e ao fenômeno da vinculação de receitas, essas normas são impostas ao legislador orçamentário e mesmo aos tribunais de contas, que passam a fiscalizar se tal "vinculação prévia" contida na lei de criação do fundo ou assemelhada foi mesmo respeitada pela lei orçamentária, ainda que, por vezes, tal "vinculação" seja tecnicamente irregular.

É certo que o ICMS se constitui em imposto de competência estadual, produzindo, portanto, receita própria para os estados. O montante, que em 2018 era de 25% do valor arrecadado com o ICMS (atualmente passou para 35% por força da EC nº 108/2020), pertence aos municípios, de acordo com mandamento constitucional expresso (art. 158, IV, da CF), devendo ser *transferido* a esses entes nos termos definidos pela Carta Magna, sendo categoricamente excepcionado do princípio da não vinculação da receita de impostos nos termos do art. 167, IV.

Observe-se que o fato de, sob a perspectiva do município, se estar diante de uma receita transferida não elimina a natureza dessas receitas, as quais continuam a ser *provenientes de impostos* e, portanto, sujeitas ao princípio estatuído pelo art. 167, IV, da Constituição.

Assim, já se abordou fartamente aqui a impropriedade de se incluir os mecanismos de repartição de receitas tributárias enquanto ressalvas ao princípio da não vinculação de receitas, uma vez que, a rigor, não operam vinculação de receitas a despesas específicas, mas se constituem em meros instrumentos de transferência do produto da arrecadação de impostos, devendo atender às finalidades precípuas do estado Fiscal e se prestar a prover o funcionamento da máquina pública de acordo com a discricionariedade do legislador orçamentário.

Desse modo, fica claro que a inclusão do art. 158, parágrafo único, II. da Constituição da República, nas exceções ao art. 167, IV, não abre precedente para que o legislador estadual crie nova hipótese de vinculação de receita tributária, mormente quando tal receita pertence ao ente municipal.

Em que pese esses argumentos, o tema da vinculação de receitas e sua operacionalização por meio de fundos ainda permanece tecnicamente lacunoso. Assim, na prática, por força do disposto nos arts. 3º e 4º da Lei Estadual nº 7.638/2012, inúmeros municípios paraenses viram-se incentivados a criar e colocar em funcionamento os próprios fundos municipais de meio ambiente, pois se observou aumento significativo após a promulgação da lei.

A Tabela 3 mostra o crescimento do número de fundos de meio ambiente em funcionamento por mesorregião do estado do Pará.

Tabela 3 – Demonstrativo de FMMA em funcionamento de 2014 a 2018

Mesorregião	Quantidade de municípios	2014	2015	2016	2017	2018
Baixo Amazonas	15	3	4	4	5	7
Sudeste	39	7	9	11	12	21
Marajó	16	1	1	1	1	2
Metropolitana	11	3	3	4	4	5
Nordeste	49	4	5	5	6	8
Sudoeste	14	1	2	3	5	7
Total	144	19	24	28	33	50

Fonte: elaborada pela autora com dados do *site* do TCM-PA e das respectivas prefeituras.

Observa-se que houve acréscimo de mais de 160% da estruturação de fundos em funcionamento no estado do Pará.[16] A mesorregião que mais estruturou foi a sudeste, saindo de 7, em 2014, para 21 fundos em 2018. Ressalta-se que em 2019 o número de fundos passou para 78, de acordo com os dados obtidos no TCM-PA.

Para além disso, o próprio TCM-PA iniciou o movimento de cobrança de informações dos gestores municipais sobre a observância do disposto nos arts. 3º e 4º da Lei Estadual nº 7.638/2012, encaminhando

---

[16] Optou-se por utilizar a palavra "funcionamento", e não "criação", tendo em vista que muitos municípios já instituíram leis de criação dos fundos antes da Lei nº 7.638/2012, mas é apenas após 2014 que esses fundos vêm ganhando independência na gestão, sobretudo a financeira, e a eles está sendo destinada parcela da receita de ICMS recebida segundo o critério ecológico.

a todos os Chefes do Poder Executivo municipal notificação via edital para que comprovassem, entre outras coisas:

- a criação e a organização do Sistema Municipal do Meio Ambiente, em especial a lei de criação do Fundo Municipal de Meio Ambiente e do Conselho Municipal de Meio Ambiente, nos termos do art. 3º da Lei Estadual nº 7.638/2012;
- o encaminhamento da Lei Municipal de destinação dos recursos do ICMS Verde, conforme previsão do art. 4º da Lei nº 7.638/2012;
- o encaminhamento dos comprovantes de transferência da cota-parte do ICMS Verde ao Fundo de Meio Ambiente do município, de acordo com o art. 4º da Lei Estadual nº 7.638/2012 (PARÁ, 2019).

Ainda que não se tenha notícias sobre a eventual sanção aplicada aos municípios que não atenderam ao pedido, observa-se claramente que o cumprimento da Lei Estadual no tocante à vinculação de recursos de impostos ao Fundo Municipal de Meio Ambiente vem sendo cobrado dos municípios paraenses.

Sob o ponto de vista da técnica jurídica que permeia os princípios de direito constitucional, tributário e financeiro, conforme fartamente explanado, não se vê fundamento para tais exigências, permeadas de questionável validade diante da necessária observância da autonomia municipal e do princípio da não vinculação de receitas.

Do ponto de vista ambiental, porém, a provocação estadual e a correlacionada resposta dos municípios evidenciam-se positivas. Nessa esteira, passa-se a analisar em que medida a proliferação de fundos ambientais municipais implicou aumento nos gastos e na qualidade das políticas ambientais dos municípios.

CAPÍTULO 3

A GESTÃO FINANCEIRA DOS FUNDOS DE MEIO AMBIENTE E O REPASSE DO ICMS VERDE AOS MUNICÍPIOS DA MESORREGIÃO SUDESTE DO PARÁ

Neste último capítulo, será apresentado o comportamento da gestão financeira dos recursos do ICMS Verde pelos fundos municipais de meio ambiente, entre 2014 e 2018, para conferir em que medida tais recursos estão sendo aplicados na proteção ambiental.

Primeiramente, apresentam-se os aspectos metodológicos da pesquisa e uma breve descrição da mesorregião sudeste do Pará, com o intuito de demonstrar como este estudo foi desenvolvido, apresentando as principais características da mesorregião analisada.

Na sequência, serão apresentados os dados sobre a criação e a operacionalização dos fundos ambientais para demonstrar os anos de criação nas leis e os anos que tais fundos entraram em operação. Apresentam-se também os valores e como os municípios obedecem à legislação estadual, ou seja, a "ênfase" na destinação do ICMS Verde aos fundos municipais de meios ambiente e a outras despesas. Além disso, demonstra-se o comportamento do ICMS Verde na lei orçamentária anual, ou seja, o valor destinado nos orçamentos aos fundos ambientais e quanto desses valores foram executados. Por fim, apresenta-se a execução orçamentária do ICMS Verde pelos fundos, como e em que os gastos foram feitos, com a apresentação das principais despesas realizadas pelos fundos municipais de meio ambiente.

3.1 Aspectos metodológicos da pesquisa e a mesorregião sudeste do Pará

A pesquisa teve como lócus a mesorregião sudeste do Pará. A escolha se deu em razão de ser a mesorregião do estado com maior número de municípios que, em 2018, tinha fundos municipais de meio ambiente com cadastros ativos nos sistemas informatizados do TCM-PA e com as respectivas prestações de contas entreques à Corte de Contas. Ao todo, são 21 municípios: Água Azul do Norte, Bannach, Bom Jesus do Tocantins, Breu Branco, Canaã dos Carajás, Conceição do Araguaia, Cumarú do Norte, Curionópolis, Floresta do Araguaia, Nova Ipixuna, Ourilândia do Norte, Parauapebas, Pau D'arco, Redenção, Rio Maria, Rondon do Pará, São Félix do Xingu, São João do Araguaia, Tucumã, Tucuruí e Xinguara.

A seleção dos municípios se deu a partir dos seguintes critérios:

(i) inicialmente, utilizou-se a subdivisão do IBGE de 2017, que dividiu o estado do Pará em seis mesorregiões;
(ii) por meio dos programas informatizados do TCM-PA, foram levantados os municípios que instituíram fundos municipais de meios ambientes (FMMA) dentro de cada mesorregião;
(iii) em seguida, foi selecionada a mesorregião que contém o maior número de municípios com fundos municipais de meios ambiente.

Para localizar os processos, foi utilizado o sistema de cadastro de processo do TCM-PA denominado SIPwin, que funcionava como um protocolo[17] que registra e enumera os processos de prestações de contas anuais[18] dos órgãos municipais e, ainda, o Sistema Único Cadastro (UNICAD), que permite centralizar, automatizar e auditar todos os acessos aos outros sistemas do TCM-PA em um repositório central de usuários, no qual os próprios jurisdicionados cadastram as unidades gestoras, os órgãos, as autoridades, os gestores e os operadores

---

[17] O Sistema de Processo Eletrônico (eTCMPA) substituiu o SIPwin.
[18] Furtado (2007) argumenta que a prestação de contas consiste na discriminação da universalidade das receitas e despesas, concernentes a uma administração de bens, valores ou interesses de outrem, em determinado período, efetivada por força de lei ou contrato. É obrigação que emana do princípio universal de que todos que administram bens alheios ou os têm sob guarda têm o dever de acertar o resultado de sua gestão; é decorrência natural do ato de gerir o que não é seu.

do sistema para que possam acessar os demais sistemas da Corte de Contas. Portanto, ao finalizar a seleção dos municípios por mesorregião, observou-se o demonstrado na Tabela 4.

Tabela 4 – Municípios com FMMA até 2018

Mesorregião	Municípios por mesorregião	FMMAs instituídos até 2018
Metropolitana	11	5
Marajó	16	2
Sudoeste	14	7
Sudeste	39	21
Baixo Amazonas	15	7
Nordeste	49	8

Fonte: elaborada pela autora com dados de IBGE (2017) e TCM-PA (Sistema SIPwin e UNICAD).

Este livro adota a antiga divisão territorial devido ao recorte temporal, que iniciou em 2014, ano em que o IBGE ainda utilizava os termos "mesorregião" e "microrregião" para dividir os territórios dos estados em municípios.[19]

No que tange à delimitação temporal, o período restringiu-se de 2014, ano que iniciou o repasse dos recursos aos municípios, a 2018, ano em que todos os municípios selecionados na amostra entregaram as prestações de contas.

Ressalta-se que o período de 2014 a 2018 envolveu dois mandatos do Poder Executivo (de 2013 a 2016 e de 2017 a 2020), havendo, portanto, mudança de gestores em alguns municípios.

Por isso, reitera-se que esta obra tem como cerne a análise da gestão dos recursos do ICMS Verde a partir da análise das prestações de contas anuais apresentadas pelos fundos municipais de meio ambiente ao TCM-PA.

Em atendimento às legislações orçamentárias e financeiras, como a Lei nº 4.320/1963, a Lei Complementar nº 101/2000, demais legislações correlatas e as normas elaboradas pela Corte de Contas, as contas anuais apresentadas ao TCM-PA são compostas dos principais documentos:

---

[19] A partir de 2017, o IBGE deixou de utilizar as classificações "mesorregião" e "microrregião" geográficas para dividir o território dos estados em municípios. Em substituição, as atuais classificações são chamadas de regiões geográficas intermediárias e regiões geográficas imediatas, respectivamente (IBGE, 2017).

plano plurianual (PPA); lei de diretrizes orçamentárias (LDO); lei orçamentária anual (LOA); balanço geral; balancete financeiro; extratos bancários; processos licitatórios; folhas de pagamentos; inventários; etc. Para os fins da análise dos dados, é relevante informar que os principais documentos a serem analisados serão a LOA, o balanço geral, o balancete financeiro, os extratos bancários e os processos licitatórios.

Para o desenvolvimento, objetivou-se estudar e analisar com mais detalhes o modo como os fundos municipais de meio ambiente foram criados e implementados e quando entraram em operação, assim como se averiguou o comportamento e a execução da receita do ICMS Verde nas leis orçamentárias. Desse modo, empregou-se a técnica multimetodológica, executada em três etapas:

(i) a técnica bibliográfica foi a primeira a ser utilizada, pois deu embasamento teórico à autora, a partir da leitura e da exposição textual da doutrina nacional e internacional sobre o tema.

(ii) na segunda etapa, procedeu-se à técnica documental, com a coleta, o manuseio e a análise dos documentos que compõem as prestações de contas das prefeituras e dos fundos ambientais, assim como das legislações pertinentes e da jurisprudência pátria. Inicialmente, foi proposta a análise das atas das reuniões dos Conselhos Municipais do Meio Ambiente visando identificar como são tomadas as decisões acerca do dispêndio dos recursos do ICMS Verde; contudo, tal objetivo não foi alcançado devido à ausência dos referidos documentos nos portais de transparência e nas prestações de contas. Nessa fase, também foram feitas buscas nos sistemas de prestações de contas do TCM-PA para verificar, nos orçamentos anuais, os valores destinados à política ambiental e a real execução orçamentária.

(iii) na terceira etapa, privilegiou-se a coleta de dados junto às prefeituras e aos fundos da mesorregião sudeste do Pará, e confrontou-se o regramento estabelecido na Lei nº 7.638/2012, nas leis de criação dos fundos e nas leis de destinação dos recursos do ICMS Verde com o real destino dispensado a tais valores. A referida pesquisa de campo teve início em novembro de 2018 e foi concluída em dezembro de 2019.

Devido à distância, à dificuldade de acesso e mesmo ao valor das passagens para chegar aos municípios da mesorregião sudeste do Pará, não foram feitas visitas técnicas específicas para a coleta de dados. No entanto, a autora, por ser servidora do TCM-PA e instrutora na Escola de Contas do Tribunal, viajou a serviço aos municípios de Conceição do Araguaia, Xinguara, Altamira, Paragominas e Santarém, considerados municípios-polos, os quais sediaram os eventos da Escola de Contas do TCM-PA Irawaldir Rocha.

Durante o "Capacitação", evento que reunia vários municípios vizinhos do município-polo, a autora pôde conduzir entrevistas ou conversar com os gestores ambientais dos municípios analisados para obter dados sobre a gestão dos recursos do ICMS Verde. Além disso, conversou com os gestores e servidores dos fundos municipais de meio ambiente quando visitavam a sede do TCM-PA.

Elaborou-se uma carta de apresentação contendo o nome da instituição de ensino, o nome da pesquisadora e da orientadora e o tema da pesquisa. Ademais, a autora solicitou autorização expressa dos agentes nos questionários para que os nomes e cargos fossem citados nesta obra.

Foram feitas perguntas em entrevistas semiestruturadas em forma de roteiro, que foi alterado ou ampliado de acordo com o desenvolvimento das conversas, proporcionando mais flexibilidade com a possibilidade de elaborar novas perguntas se houvesse necessidade.

As conversas/entrevistas foram gravadas (dado que precisavam de autorização formal do entrevistado) via telefone celular com a utilização de aplicativo de gravação; contudo, nenhum dos cinco que aceitaram conversar sobre o tema autorizou a divulgação de seus nomes. Os entrevistados foram três gestores ambientais de fundos e dois prefeitos. As respostas foram gravadas e transcritas para os questionários pela pesquisadora. Portanto, serão apresentadas de maneira corrida, sem mencionar os municípios.

Durante a coleta de dados, também foram utilizados questionários com perguntas fechadas/limitadas ou de alternativas fixas, nas quais o informante seleciona a resposta, e também questões abertas, livres ou não limitadas, que permitem ao informante responder livremente, usando linguagem própria, com a possibilidade de emitir opiniões.

O questionário apresentou 21 questões, entre abertas e fechadas. As questões fechadas foram de múltipla escolha. A fim de economizar tempo e recursos, a autora optou por realizar o questionário *online* da plataforma do Gmail. Segundo Malhotra (2006), as pesquisas feitas com auxílio da internet estão cada vez mais populares entre os pesquisadores, devido, sobretudo, às vantagens proporcionadas, entre as quais os menores custos, a rapidez e a capacidade de abranger populações específicas.

Assim, os questionários foram enviados em três momentos: primeiro por *e-mail* e duas vezes por mensagens de WhatsApp a todos os gestores ambientais. Porém, nenhum deles respondeu ao questionário, evidenciando uma dificuldade que a autora encontrou para coletar os dados necessários à conclusão da análise.

Foram utilizadas análises e interpretação de dados mediante levantamento de dados coletados nas prestações de contas e nos portais eletrônicos da SEMAS, da SEFA, das prefeituras, das câmaras e do TCM-PA. Para isso, todos foram selecionados em planilhas e analisados posteriormente. Mais tarde, iniciou-se o processo de análise dos dados contábeis e documentos enviados nas prestações de contas dos fundos municipais de meio ambiente, os quais foram entregues ao TCM-PA.

Assim, após o tratamento e a contextualização dos dados apurados nas conversas informais, na análise dos dados contábeis e nos documentos, objetivou-se a construção de uma matriz do diagnóstico da gestão dos recursos do ICMS Verde nos fundos municipais de meio ambiente, para averiguar em que medida esses recursos podem ser utilizados em benefício das políticas públicas ambientais nos municípios paraenses e explanar sobre o real destino dado a esses recursos quando adentram os cofres das prefeituras.

Ressalta-se, ainda, que todos os dados obtidos nos *sites* do TCM-PA são de sistemas públicos, não havendo coleta de informação sob sigilo ou que ainda não fosse pública.

A mesorregião sudeste do Pará, composta por 39 municípios, com cerca de 1.647.423 habitantes e área de 297.367km² (IBGE, 2017), tem características bem singulares desenvolvidas ao longo de 40 anos, que chamam a atenção pela capacidade de aproveitar racionalmente a base de recursos naturais e a rica biodiversidade da região, com incentivo da economia sustentável (SANTOS, 2017).

Em 1970, a mesorregião abrigava apenas nove municípios, com pouco mais de 112 mil habitantes, que até 1991 viviam em zonas rurais. A partir dessa década, as taxas de crescimento demográfico e econômico foram superiores à taxa nacional. Essas transformações se devem às fronteiras econômicas e demográficas da região e do Brasil (ROSA, 2011). Vários projetos foram implantados no território, mais especificamente no sudeste paraense, onde a atividade da mineração tem maior peso na economia (TRINDADE JÚNIOR; SILVA; TAVARES, 2014).

Silva e Silva (2008, p. 7) ressaltam que o sudeste é a região mais industrializada do estado, com predominância da extração mineral. Apesar de ser a mesorregião mais dinâmica economicamente, os autores advertem que a riqueza da mesorregião "tem um preço que a sociedade está pagando, isto é, o elevado desmatamento regional, sendo o Sul do Pará a área mais alterada do estado nos últimos 40 anos (...)".

Santos (2017, p. 131) menciona que, do ponto de vista intrarregional, os municípios de Parauapebas e Canaã dos Carajás vêm se destacando como os principais exportadores do sudeste paraense e, por extensão, do Pará como um todo. Parauapebas liderou o *ranking* nacional de recolhimento da Compensação Financeira pela Exploração Mineral (CFEM), em 2019, seguido por Canaã dos Carajás (BRASIL, 2019).

Ademais, o sudeste é a mesorregião do Pará que mais concentra municípios que recebem a CFEM. Em 2019, dos 65 municípios paraenses constantes da lista da Agência Nacional de Mineração (ANM), 21 são do sudeste do Pará. Essa constatação, contudo, pode representar a degradação das florestas, dado que a atividade mineradora é danosa ao meio ambiente.

Todavia, a CFEM representa recurso aos cofres municipais, mas nem sempre agrega melhorias à qualidade de vida dos seus munícipes, como demonstrado por Enríquez et al. (2018, p. 46) em relato sobre o município de Canaã dos Carajás.

Os indicadores dos Objetivos do Desenvolvimento Sustentável (ODS) revelaram situações paradoxais em Canaã dos Carajás: de um lado, a melhora em dimensões associadas ao crescimento econômico, à infraestrutura e à educação; de outro, o agravamento de problemas sociais relacionados ao aumento da pobreza, da desigualdade racial e de gênero e da violência.

A Figura 1 demonstra a localização da mesorregião no estado e no Brasil.

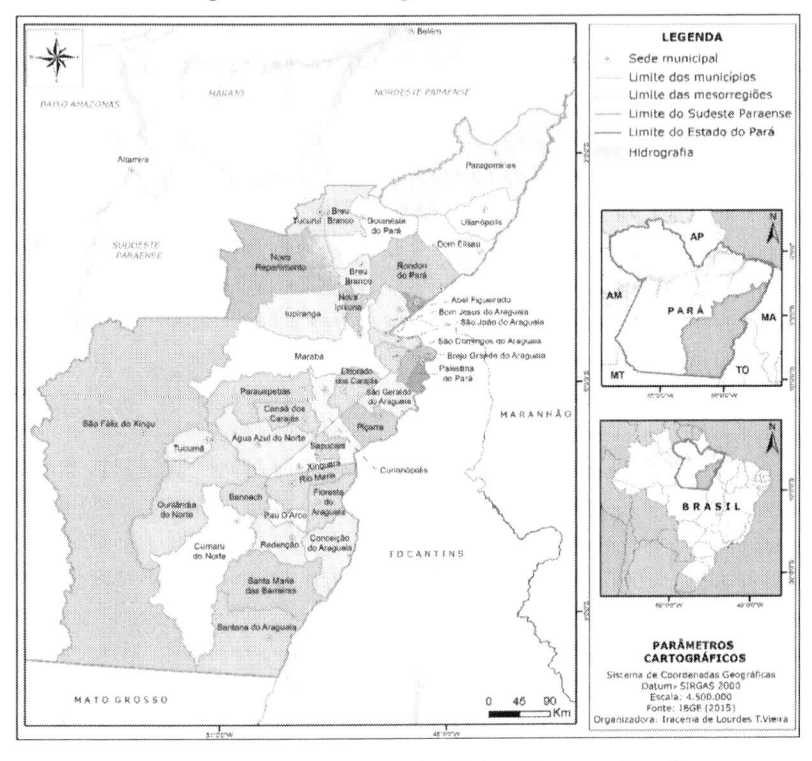

Figura 1 – Mesorregião sudeste do Pará

Fonte: IBGE (2015). Mapa elaborado pelo geógrafo Luiz Henrique Gusmão.

Novamente se destaca que, a partir de 2017, o IBGE não utiliza mais as classificações "mesorregião" e "microrregião" geográficas para dividir o território dos estados em municípios. Em substituição, as atuais classificações são chamadas, respectivamente, de regiões geográficas intermediárias e regiões geográficas imediatas. A nova classificação incorpora as mudanças ocorridas no Brasil ao longo das últimas três décadas (IBGE, 2017).

A partir dessa nova subdivisão, os municípios selecionados para efeito de coleta de dados atualmente pertencem às regiões geográficas intermediárias de Marabá e Redenção e às regiões geográficas imediatas de Marabá, Parauapebas, Tucuruí, Redenção, Tucumã/São Félix do Xingu e Xinguara, conforme demonstrado no Quadro 3.

Quadro 3 – Municípios nas respectivas regiões
geográficas intermediárias e imediatas

Região geográfica intermediária	Região geográfica imediata	Municípios
Marabá	Marabá	Bom Jesus do Tocantins
		Nova Ipixuna
		Rondon do Pará
		São João do Araguaia
	Parauapebas	Canaã dos Carajás
		Curionópolis
		Parauapebas
	Tucuruí	Breu Branco
		Tucuruí
Redenção	Redenção	Bannach
		Conceição do Araguaia
		Cumarú do Norte
		Floresta do Araguaia
		Pau D'arco
		Redenção
	Tucumã/São Félix do Xingu	Ourilândia do Norte
		São Félix do Xingu
		Tucumã
	Xinguara	Água Azul do Norte
		Rio Maria
		Xinguara

Fonte: IBGE (2017).

Na Figura 2, os municípios analisados são apresentados no mapa de acordo com a nova configuração territorial dos estados brasileiros estabelecida pelo IBGE.

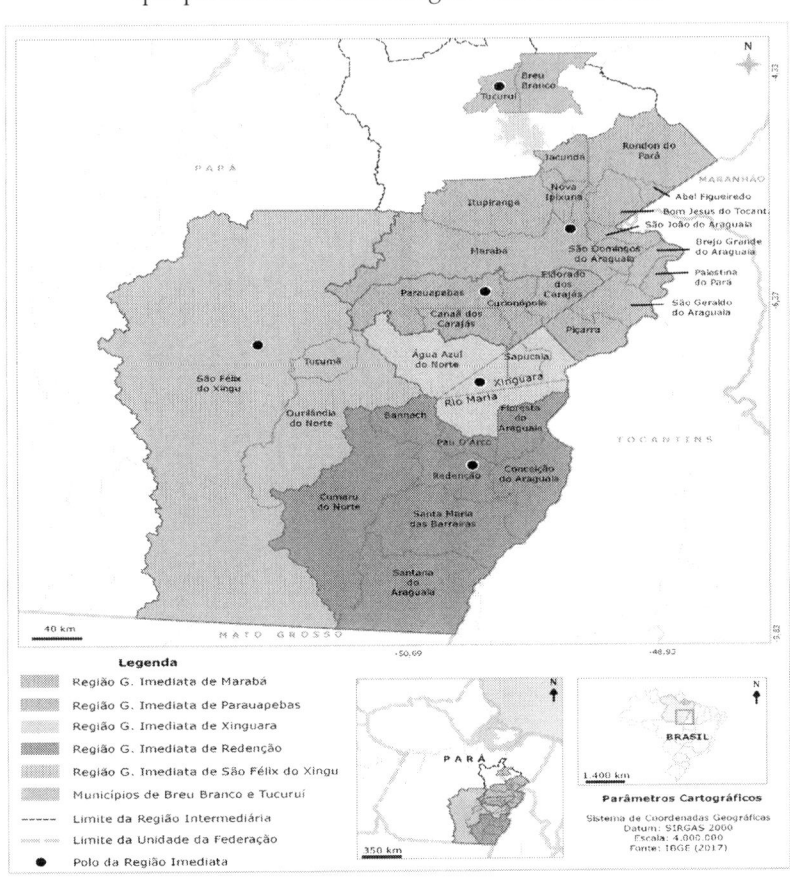

Figura 2 – Nova configuração territorial dos municípios
que pertenciam à mesorregião sudeste do Pará

Fonte: IBGE (2017). Mapa elaborado pelo geógrafo Luiz Henrique Gusmão.

A seguir, serão apresentados os resultados, que terão como parâmetros a problemática e os objetivos traçados para esta obra.

3.2 Criação e operacionalização dos fundos municipais de meio ambiente

A partir da implementação da Política Nacional do Meio Ambiente, por meio da Lei nº 6.938/1981, surge também o Sistema Nacional do Meio Ambiente (SISNAMA), constituído pelos órgãos e entidades na

União, dos estados, do Distrito Federal e dos municípios, que juntos são responsáveis pela proteção ambiental no país.

Entretanto, com a promulgação da Constituição de 1988, que atribuiu competência a todos os entes para que protejam o meio ambiente, o SISNAMA ganhou reforço e, com isso, iniciou-se a determinação de regras e padrões, cujo foco maior é o alcance do desenvolvimento sustentável, por meio de mecanismos e instrumentos capazes de conferir maior proteção ao meio ambiente.

Nesse aspecto, a municipalização da gestão ambiental tornou-se passo importante para efetivar as ações de proteção, manutenção e conservação ao meio ambiente. O município adquiriu maior autonomia no trato das questões ambientais locais, com possibilidade de gerenciar recursos por meio de fundos. Nessa perspectiva, Soneghet e Siman (2014, p. 137) reforçam que:

> Ao assumir seu papel constitucional na gestão do meio ambiente, os municípios trazem uma série de benefícios, como melhor utilização dos recursos, melhor enfrentamento dos problemas ambientais locais, maiores possibilidades de adaptação da política do meio ambiente, maior visibilidade, maior transparência das tomadas de decisão e democratização dos processos decisórios.

Houve considerável aumento de fundos ambientais municipais nos últimos anos, claramente impulsionados pela possibilidade de gerir recursos e previamente estabelecidos em lei, para enfrentar as demandas ambientais locais.

Segundo dados do IBGE, em 2017, 50,3% dos municípios do país tinham fundo de meio ambiente, apresentando aumento considerável em relação a 2012.

> A presença de FMMA é maior nas Regiões Centro-Oeste (72,4% dos municípios da região) e Sul (65,3%), vindo a seguir a Norte (59,8%); e menor nas Regiões Sudeste (49,4%) e Nordeste (33,1%). Os fundos estão presentes na maioria dos municípios com mais de 20.000 habitantes (71,4%), chegando a atingir 100,0% nos municípios com mais de 500.000 habitantes. O percentual de municípios nessa faixa de população, que conta com FMMA, aumentou na comparação dos anos de 2012 e 2017. (IBGE, 2018)

Contudo, a criação de fundos na lei não significa que os fundos entrem em funcionamento de imediato. Os fundos analisados, por exemplo, entraram em operação anos após a instituição da referida lei que os criou, conforme dados do Quadro 4.

Quadro 4 – Diferença entre ano de criação *versus* ano de funcionamento dos FMMAs

Municípios	Ano da lei de criação do FMMA	Ano/início de operação do FMMA	Ano de criação *versus* ano de operação
Água Azul do Norte	2015	2018	3 anos após
Bannach	2015	2015	Mesmo ano
Bom Jesus do Tocantins*	–	2014	–
Breu Branco*	–	2014	–
Canaã dos Carajás	2006	2014	8 anos após
Conceição do Araguaia	2013	2018	5 anos após
Cumarú do Norte	2007	2017	10 anos após
Curionópolis	2010	2018	8 anos após
Floresta do Araguaia	2012	2018	6 anos após
Nova Ipixuna	2008	2016	8 anos após
Ourilândia do Norte	2017	2014	3 anos antes
Parauapebas	2002	2014	12 anos após
Pau D'arco	2005	2014	9 anos após
Redenção	2009	2018	9 anos após
Rio Maria	2015	2018	3 anos após
Rondon do Pará	2008	2018	10 anos após
São Félix do Xingu	2007	2014	7 anos após
São João do Araguaia	2016	2018	2 anos após
Tucumã	2009	2016	7 anos após
Tucuruí	2006	2017	11 anos após
Xinguara	2017	2015	2 anos antes

* Legislações não localizadas nas buscas no Google, nos *sites* das câmaras, prefeituras e no TCM-PA.
Fonte: elaborado pela autora com dados dos *sites* das prefeituras e câmaras.

No quadro, constata-se que a maioria dos municípios analisados entrou em operação/funcionamento após 2014, ano em que se iniciou o repasse da cota-parte do ICMS Verde.

3.3 Ênfase da destinação do ICMS Verde ao fundo municipal de meio ambiente

O art. 4º da Lei nº 7.638/2012 (PARÁ, 2012) menciona que o município, ao instituir a lei de destinação, deve dar "ênfase" ao repasse do ICMS Verde ao fundo.

Assim, partindo do comando da legislação estadual, foram levantadas, a partir de 2014, dentro dos municípios que compõem a amostra da pesquisa, as municipalidades que já instituíram leis de destinação dos recursos do ICMS Verde, para verificar nas respectivas leis o percentual de recursos do imposto que devem ser destinados aos fundos.

Desse modo, foram feitas as seguintes buscas: (i) consultas nos documentos que compõem as prestações de contas dos fundos de meio ambiente dos municípios, por meio dos sistemas informatizados do TCM-PA (SIPwin e SPE-Acompanhamento);[20] (ii) acesso aos portais das prefeituras e das câmaras municipais, nas abas "Transparências"[21] e "Legislação". A busca era feita por meio das palavras-chaves "ICMS Verde", quando possível, ou de forma manual, ano a ano; e (iii) uso das palavras-chaves "lei de destinação do ICMS Verde do município de ..." na plataforma Google. Ressalta-se que as buscas abrangeram o período entre 2014 a 2018, uma vez que em 2014 nenhuma lei estava vigente.

Após as buscas, foi possível descobrir que nenhum município entregou à Corte de Contas a lei de destinação dos recursos do ICMS Verde. Destaca-se que até o exercício de 2020 não havia obrigatoriedade para isso. Durante a coleta de dados, foram localizadas as leis de destinação de quatro municípios, como mostra a Tabela 5.

---

[20] Sistema de Processo Eletrônico (SPE-Acompanhamento) é o canal exclusivo para os jurisdicionados do TCM-PA acompanharem a instrução, a defesa e o julgamento das prestações de contas, enviarem documentos complementares, apresentarem defesa, recurso e pedidos de revisão, entre outros procedimentos. Disponível em: www.tcm.pa.gov.br/portal-do-jurisdicionado/sistema/spe-acompanhamento. Acesso em: 9 maio 2023.

[21] É importante ressaltar que as pesquisas nos *sites* de transparência das prefeituras e das câmaras dos municípios pesquisados foram extremamente difíceis. Em regra, os *sites* existem, mas são vazios, sem as informações básicas necessárias e não cumprem a Lei Federal nº 12.527/2011, que regula o acesso a informações. Por esse descumprimento, em 2016, os municípios foram chamados ao TCM-PA para assinarem um Termo de Ajuste de Gestão (TAG) para adequação dos respectivos portais da transparência, sobretudo no que se refere à transparência da gestão fiscal, e determinou a disponibilização, em tempo real, de informações pormenorizadas sobre a execução orçamentária e financeira dos municípios.

Tabela 5 – Municípios que instituíram leis
de destinação do ICMS Verde

Municípios	Lei (nº)	Ano de publicação
Breu Branco	1.058/2017	2017
Canaã dos Carajás	676/2015	2015
Cumarú do Norte	298/2015	2015
Tucuruí	9.794/2014	2015

Fonte: elaborada pela autora com dados dos *sites* das câmaras e prefeituras.

Assim, apenas quatro municípios da amostra da pesquisa já instituíram lei de destinação, exceto Tucuruí, que aprovou em 26 de dezembro de 2014, mas publicou em janeiro de 2015, ano em que passou a viger; ou seja, esses municípios legislaram conforme determinado pela Lei nº 7.638/2012. Ressalta-se que podem existir outros municípios que já tenham instituído lei de destinação dentro do período pesquisado, mas que não foram localizados nos *sites* de transparência das câmaras ou das prefeituras.

Nas quatro legislações criadas, observou-se que o legislador interpretou o art. 4º da Lei nº 7.638/2012 literalmente e deu "ênfase" no destino do imposto ao fundo municipal de meio ambiente, ou seja, todas mencionam que destinarão 100% dos recursos do ICMS Verde aos seus fundos de meio ambiente, como mostra a Tabela 6.

Tabela 6 – Percentual de repasse estabelecido nas
leis de destinação do ICMS Verde ao FMMA

Municípios	Repasse (%)	Destino do recurso
Breu Branco	100%	FMMA
Canaã dos Carajás	100%	FMMA
Cumarú do Norte	100%	FMMA
Tucuruí	100%	FMMA

Fonte: elaborada pela autora com base em dados dos *sites* das câmaras e prefeituras.

Contudo, para confrontar o percentual estabelecido nas leis municipais com os repasses que as prefeituras efetuaram aos fundos de meio ambiente, comparou-se o valor recebido pelo município de ICMS Verde com o repassado pelas prefeituras e extraiu-se o percentual, demonstrado nas tabelas a seguir.

Tabela 7 – Percentual definido na lei de destinação
versus percentual efetuado pela PM – 2015

Município	Valor do ICMS Verde repassado à PM (em reais)	Valor transferido pela PM ao FMMA	% estabelecida na Lei de Destinação municipal	% utilizada pela PM
Canaã dos Carajás	816.113	2.895.916	100%	100%
Cumarú do Norte*	956.889	–	100%	–
Tucuruí*	850.297	–	100%	–

* Os FMMAs ainda não apresentavam prestações de contas ao TCM-PA.
Fonte: elaborada pela autora com dados dos *sites* da SEFA-PA, SEMAS-PA e TCM-PA (SPE, e-Contas e REI).

A Tabela 7 mostra que o município de Canaã dos Carajás repassou ao FMMA o equivalente a 100% do valor recebido de ICMS Verde, que foi de R$816.113,92. Contudo, observou-se no balancete financeiro do respectivo fundo que a prefeitura repassou o montante de R$2.895.916,00. A diferença entre o valor do ICMS Verde recebido pela prefeitura e o valor que a prefeitura repassou ao fundo ultrapassou R$2.079.802,00, o que significa que o gestor municipal cumpriu o percentual estabelecido na lei de destinação.

Cumarú do Norte e Tucuruí instituíram legislações de destinação em 2015, em que pese a criação dos respectivos fundos ambientais ter sido instituída em 2006 e 2007, respectivamente. Entretanto, observou-se nas prestações de contas dos municípios que tais fundos não receberam movimentação financeira até 2016. Assim, as despesas com a gestão ambiental desses municípios, nesse período, correram por conta das prefeituras.

Observou-se que apenas a partir de 2017 os fundos ambientais passaram a receber movimentação financeira e entregar prestação de contas individualizada ao TCM-PA.

Tabela 8 – Percentual definido na lei de destinação
versus percentual utilizado pela PM – 2016

Município	Valor do ICMS Verde repassado à PM (em reais)	Valor transferido pela PM ao FMMA	% estabelecida na Lei de Destinação municipal	% utilizada pela PM
Canaã dos Carajás	1.212.419	3.170.660	100%	100%
Cumarú do Norte*	1.395.448	–	100%	–
Tucuruí*	1.281.668	–	100%	–

* Os FMMAs não apresentavam prestações de contas ao TCM-PA.
Fonte: elaborada pela autora com dados dos *sites* da SEFA-PA, SEMAS-PA e TCM-PA (SPE, e-Contas e REI).

Na Tabela 8, verifica-se que Canaã dos Carajás repassou ao FMMA o equivalente a 100% do valor recebido de ICMS Verde, que foi de R$1.212.419,00. Contudo, observou-se no balancete financeiro do respectivo fundo que a prefeitura repassou o montante de R$3.170.660,00. A diferença entre o valor do ICMS Verde recebido pela prefeitura e o valor que a prefeitura repassou ao fundo ultrapassou R$1.958.241,00 o que significa que o gestor municipal cumpriu o percentual estabelecido na lei de destinação.

Os fundos ambientais de Cumarú do Norte e Tucuruí ainda não recebiam movimentação financeira, conforme observado nas prestações de contas dos municípios, e as despesas com a gestão ambiental do município continuavam a cargo das prefeituras.

Tabela 9 – Percentual definido na lei de destinação
versus percentual utilizado pela PM – 2017

Município	Valor do ICMS Verde repassado à PM (em reais)	Valor transferido pela PM ao FMMA	% estabelecida na Lei de Destinação municipal	% utilizada pela PM
Breu Branco	1.225.666	3.114.221	100%	100%
Canaã dos Carajás	1.225.667	2.641.331	100%	100%
Cumarú do Norte	1.897.181	584.231	100%	30,79%
Tucuruí	1.225.667	12.313	100%	1,00%

Fonte: elaborada pela autora com dados dos *sites* da SEFA-PA, SEMAS-PA e TCM-PA (SPE, e-Contas e REI).

Na Tabela 9, os municípios de Breu Branco e Canaã dos Carajás repassaram aos fundos ambientais o equivalente a 100% do total recebido de ICMS Verde, que foi de R$1.225.666,00 e R$1.225.667,00, respectivamente. Contudo, observou-se nos balancetes financeiros dos referidos fundos que os valores repassados pelas prefeituras foram de R$3.114.221,00 e R$2.641.331,00, respectivamente. As diferenças entre os valores do ICMS Verde recebidos pelas prefeituras e os valores que as prefeituras repassaram aos fundos ultrapassaram R$1.888.555,00 e R$1.415.664,00, respectivamente; portanto, os gestores municipais cumpriram os percentuais estabelecidos nas leis de destinação.

Em contrapartida, Cumarú do Norte e Tucuruí repassaram aos fundos ambientais apenas 30,79% e 1% do total recebido de ICMS Verde, que foram de R$584.231,00 e R$12.313,00, respectivamente, percentual bem abaixo do estabelecidos nas leis de destinação. Isso significa que os gestores municipais não cumpriram as legislações. Ressalta-se que nesse exercício os fundos apresentaram movimentação financeira e começaram a enviar prestações de contas ao TCM-PA.

Tabela 10 – Percentual definido na lei de destinação
versus percentual utilizado pela PM – 2018

Município	Valor do ICMS Verde repassado à PM (em reais)	Valor transferido pela PM ao FMMA	% estabelecida na Lei de Destinação municipal	% utilizada pela PM
Breu Branco	1.254.566	3.518.473	100%	100%
Canaã dos Carajás	1.238.209	3.846.714	100%	100%
Cumarú do Norte	1.943.399	587.810	100%	30,25%
Tucuruí	1.245.346	88.483	100%	7,11%

Fonte: elaborada pela autora com base em dados dos *sites* da SEFA-PA, SEMAS-PA e TCM-PA (SPE, e-Contas e REI).

Na Tabela 10, Breu Branco e Canaã dos Carajás repassaram aos fundos ambientais o equivalente a 100% do total recebido de ICMS Verde, que foi de R$1.254.566,00 e R$1.238.209,00, respectivamente. Contudo, observou-se nos balancetes financeiros dos referidos fundos que os valores repassados pelas prefeituras foram de R$3.518.473,00 e R$3.846.714,00. As diferenças entre os valores do ICMS Verde recebidos pelas prefeituras e os valores que as prefeituras repassaram aos fundos ultrapassaram R$2.263.904,00 e R$2.608.504,00, respectivamente;

portanto, os gestores municipais cumpriram os percentuais estabelecidos nas leis de destinação.

Cumarú do Norte e Tucuruí repassaram aos fundos ambientais apenas 30,25% e 7,11% do total recebido de ICMS Verde, que foram de R$587.810,00 e R$88.483,00, respectivamente, percentual bem abaixo do estabelecidos nas leis de destinação; portanto, os gestores municipais não cumpriram as legislações.

Pelas tabelas apresentadas, conclui-se que nem sempre os gestores municipais cumpriram o que a lei municipal determina, como é o caso de Cumarú do Norte e Tucuruí, uma vez que a lei prevê a destinação de 100% dos recursos aos respectivos fundos ambientas, mas o percentual não foi alcançado em nenhum dos exercícios pesquisados. Dessa forma, o descumprimento deveria ser ponto de controle por parte do TCM-PA quando da análise das contas anuais do Chefe do Poder Executivo.

Quanto aos demais municípios cujas leis não foram localizadas na pesquisa, compararam-se também os valores recebidos de ICMS Verde pelos municípios e os valores repassados pela prefeitura aos respectivos fundos ambientais (tabelas 11 e 12).

Tabela 11 – Percentual de repasse do ICMS Verde aos FMMAs – 2015 a 2016

Ano	2015			2016		
Municípios	SEFA – PM (em reais)	PM – FMMA (em reais)	Repasse (%)	SEFA – PM (em reais)	PM – FMMA (em reais)	Repasse (%)
Água Azul do Norte	846.803	–	–	876.326	–	–
Bannach	752.653	–	–	1.119.765	159.484	14
Bom Jesus do Tocantins	585.455	1.679.470	287	845.687	567.435	67
Conceição do Araguaia	587.718	–	–	909.149	–	–
Curionópolis	464.396	–	–	611.829	–	–
Floresta do Araguaia	279.290	–	–	446.726	–	–
Nova Ipixuna	419.612	–	–	596.130	–	–
Ourilândia do Norte	1.595.884	155.353	10	1.970.612	234.281	12
Parauapebas	1.085.811	–	–	1.625.117	3.868	0
Pau D'arco	659.521	32.787	5	1.128.886	46.060	4
Redenção	385.780	–	–	537.217	–	–
Rio Maria	454.362	250.084	55	649.772	241.883	37
Rondon do Pará	311.347	–	–	472.504	–	–
São Félix do Xingu	1.312.956	3.907.025	298	1.939.257	3.717.145	192
São João do Araguaia	332.540	–	–	508.425	–	–
Tucumã	543.733	–	–	785.452	810.068	103
Xinguara	463.286	334.920	72	655.206	920.526	140

Fonte: elaborada pela autora com base em dados dos *sites* da SEFA-PA, SEMAS-PA e TCM-PA (SPE, e-Contas).

Tabela 12 – Percentual de repasse do ICMS Verde aos FMMAs – 2017 a 2018

Ano	2017			2018		
Municípios	SEFA – PM (em reais)	PM – FMMA (em reais)	Repasse (%)	SEFA – PM (em reais)	PM – FMMA (em reais)	Repasse (%)
Água Azul do Norte	1.225.668	–	–	1.253.905	722.760	58
Bannach	707.872	113.673	16	1.246.656	234.755	19
Bom Jesus do Tocantins	712.537	794.176	111	1.213.117	1.029.342	85
Conceição do Araguaia	1.225.666	–	–	1.306.516	1.352.786	**104**
Curionópolis	1.225.666	–	42	1.216.417	491.219	40
Floresta do Araguaia	1.225.666	–	–	1.240.236	328.780	27
Nova Ipixuna	1.225.665	289.245	24	1.132.726	449.654	40
Ourilândia do Norte	1.445.766	377.246	26	1.404.132	377.246	27
Parauapebas	1.225.669	–	–	1.321.491	1.907.425	**144**
Pau D'arco	721.752	62.719	9	717.010	79.213	11
Redenção	1.225.666	–	–	1.266.817	956.887	76
Rio Maria	701.925	377.879	54	1.256.016	427.072	34
Rondon do Pará	1.225.667	–	–	1.509.861	932.400	62
São Félix do Xingu	2.849.174	3.553.472	**125**	3.241.458	2.714.327	84
São João do Araguaia	728.799	–	–	661.920	47.619	7
Tucumã	978.235	810.068	83	1.181.550	463.469	39
Xinguara	1.007.077	2.431.900	**241**	1.268.467	4.921.047	**388**

Fonte: elaborada pela autora com dados dos *sites* da SEFA-PA, SEMAS-PA e TCM-PA (SPE, e-Contas).

Observa-se que poucos municípios repassaram recursos do ICMS Verde além dos valores recebidos, como Bom Jesus do Tocantins e São Félix do Xingu, em 2015; São Félix do Xingu, Tucumã e Xinguara, em 2016; e Bom Jesus do Tocantins, São Félix do Xingu e Xinguara, em 2017.

Em 2018, todas as prefeituras repassaram algum valor aos fundos, mas apenas Conceição do Araguaia, Parauapebas e Xinguara repassaram valores acima de 100% do valor recebido de ICMS Verde. Em 2014, não houve repasses aos fundos ambientais.

Após confrontar o percentual estabelecido na lei de destinação do imposto com o que as prefeituras transferiram aos fundos e demonstrar os repasses feitos pelas prefeituras aos demais fundos, tratar-se-á do comportamento do ICMS Verde na LOA, ou seja, quanto do orçamento as prefeituras estão fixando/comprometendo aos fundos de meio ambiente e quanto esse valor representa do repasse do ICMS Verde.

3.4 O ICMS Verde na lei orçamentária anual dos municípios

Desde 2014, os municípios paraenses começaram a receber o repasse da cota-parte do ICMS Verde, cujo percentual iniciou-se em 2% e aumentou gradativamente – 2% ao ano, até alcançar o teto de 8% em 2017.

Contudo, não é demais mencionar que o ICMS Verde se trata tão somente de uma readequação de critério de repasse aplicado sobre recursos que já pertenciam aos municípios por força constitucional, ou seja, já constavam no orçamento municipal, integrando o valor total da cota-parte do ICMS.

Assim, a partir do início do repasse do ICMS na vertente ambiental, esses recursos passaram a compor o orçamento com essa nova configuração. Ressalta-se que o ICMS Verde passou a ser uma receita orçamentária prevista e que, em contrapartida, surgiram as despesas fixadas na LOA.

O art. 4º da Lei nº 7.638/2012 determina que cada município deve dar a destinação do ICMS Verde em legislação própria e ressalta que se deve enfatizar a destinação dos recursos ao fundo municipal de meio ambiente.

Assim, de acordo com as leis de destinação dos recursos do ICMS Verde já instituídas (Tabela 4), as quais se coadunam com o art. 4º da Lei nº 7.638/2012 (PARÁ, 2012), verificou-se nas respectivas leis o percentual de recursos destinados aos fundos para compará-los com os valores fixados na LOA e o valor repassado pela prefeitura a esse mesmo fundo.

Em conversas informais com os gestores ambientais, quando questionados sobre a lei de destinação do ICMS Verde, as respostas foram as seguintes: "O município não instituiu a lei e percebia-se que não havia interesse por parte do prefeito em enviar o projeto de lei ao Legislativo, talvez para deixar o recurso livre"; "O município já tinha a lei, que ainda não estava sendo aplicada"; "Não havia a lei, mas já estavam providenciando".

Na mesma linha, nas conversas com os Chefes dos Poderes Executivos, as respostas foram as seguintes: "O projeto de lei estava em elaboração no departamento jurídico"; "O projeto de lei estava em poder do Câmara e em breve seria votado".

Ressalta-se que, uma vez legislado, cabe ao gestor municipal – sobretudo dos municípios que instituíram suas leis de destinação – obediência aos percentuais estabelecidos nas referidas leis.

Desse modo, após conhecer os municípios que instituíram as leis de destinação do ICMS Verde, levantou-se nas leis orçamentárias[22] dos exercícios de 2014 a 2018 a despesa fixada pelo Poder Executivo aos fundos municipais de meio ambiente de cada município pesquisado, com a finalidade de observar o comportamento da nova receita no orçamento. Foram comparados os valores fixados aos fundos municipais de meio ambiente e os repassados de ICMS Verde aos municípios, e, também, verificou-se se os valores fixados estavam em consonância com os percentuais estabelecidos nas leis de destinação, conforme demonstrado nas tabelas a seguir.

---

[22] A LOA é o instrumento em que se estabelece a previsão de todas as receitas a serem arrecadadas no exercício financeiro e fixa todas as despesas que os Poderes e os órgãos estão autorizados a executar. Dessa forma, a principal finalidade desse instrumento orçamentário é estimar as receitas que o governo espera arrecadar no ano seguinte e fixar as despesas que serão realizadas com tais recursos. Nota-se que a lei orçamentária é uma autorização, mas não uma obrigação de gastos. Por isso, o orçamento é dito autorizativo, e não impositivo. Convém ressaltar que, no que tange a determinadas despesas, a EC nº 86/2015 promoveu alterações no art. 198 da Constituição acerca das ações e dos serviços públicos de saúde, em que metade dos valores relativos às emendas individuais deve ser direcionada às ações e aos serviços púbicos de saúde. A esse respeito, Scaff (2015) afirma que a EC nº 86/2015 criou o orçamento impositivo à brasileira, pois, em vez de obrigar o Poder Executivo a cumprir as leis orçamentárias, impôs o cumprimento de emendas individuais, que representam uma pequena parte do orçamento e estão vinculadas a interesses eleitorais dos parlamentares. Porém, o autor sustenta que a referida Emenda Constitucional tem o poder de modificar as associações político-partidárias existentes, pois as emendas individuais deixarão de ser uma espécie de moeda de troca nas relações entre o Congresso e o Planalto.

Tabela 13 – Valor fixado na LOA ao FMMA *versus*
ICMS Verde repassado ao município em 2014

Município	Repasse na Lei de Destinação (%)	Valor fixado na LOA ao FMMA (2014)	ICMS Verde repassado ao município (2014)	Repasse (%)
Água Azul do Norte	–	–	389.056	–
Bannach	–	–	321.854	–
Bom Jesus do Tocantins	–	359.983	382.381	106
Breu Branco	–	2.665.000	287.038	11
Canaã dos Carajás	–	2.261.074	362.343	16
Conceição do Araguaia	–	–	263.617	–
Cumarú do Norte	–	–	450.616	–
Curionópolis	–	–	217.081	–
Floresta do Araguaia	–	–	119.484	–
Nova Ipixuna	–	–	197.422	–
Ourilândia do Norte	–	–	754.633	–
Parauapebas	–	–	514.863	–
Pau D'arco	–	61.000	301.803	495
Redenção	–	–	186.224	–
Rio Maria	–	–	220.970	–
Rondon do Pará	–	–	251.592	–
São Félix do Xingu	–	2.559.042	616.439	24
São João do Araguaia	–	–	154.866	–
Tucumã	–	–	268.334	–
Tucuruí	–	–	382.446	–
Xinguara	–	–	225.396	–

Fonte: elaborada pela autora com dados das LOAs municipais de 2014, disponibilizadas nos *sites* do TCM-PA, e valores do ICMS Verde repassados aos municípios, disponíveis no *site* da SEMAS-PA.

A Tabela 13 mostra os valores fixados aos fundos de meio ambiente na LOA de 2014 e os respectivos valores recebidos pelos municípios do ICMS Verde. Ressalta-se que 2014 foi o primeiro ano de repasse do imposto com critérios ambientais e que o percentual estipulado pela Lei nº 7.638/2012 foi de 2%, caso o município cumprisse todos os critérios.

Em termos de percentuais do imposto recebido, verificou-se que apenas os municípios de Bom Jesus do Tocantins, Breu Branco, Canaã dos Carajás, Pau D'arco e São Félix do Xingu, cujos fundos ambientais estavam em operação, fixaram valores aos fundos ambientais.

Além disso, os municípios de Ourilândia do Norte e Parauapebas, mesmo estando em operação em 2014, não fixaram valor na LOA ao fundo ambiental; já os municípios de Bom Jesus do Tocantins e Pau D'arco receberam recursos do ICMS Verde acima dos valores fixados aos fundos ambientais. Por sua vez, os municípios de Breu Branco, Canaã dos Carajás e São Félix do Xingu receberam recursos do ICMS Verde abaixo dos valores fixados aos fundos ambientas. Os demais municípios não haviam instituído seus fundos ou estes não estavam em operação no ano pesquisado.

Tabela 14 – Valor fixado na LOA ao FMMA *versus* ICMS Verde repassado ao município em 2015

Município	Repasse na Lei de Destinação (%)	Valor fixado na LOA ao FMMA – 2015	ICMS Verde repassado ao município – 2015	Repasse (%)
Água Azul do Norte	–	–	846.803	–
Bannach	–	547.900	752.652	137
Bom Jesus do Tocantins	–	1.448.290	585.455	40
Breu Branco	–	746.600	637.641	85
Canaã dos Carajás	100	12.840	816.113	6.356
Conceição do Araguaia	–	–	587.717	–
Cumarú do Norte	100	–	956.889	–
Curionópolis	–	–	464.396	–
Floresta do Araguaia	–	–	279.290	–
Nova Ipixuna	–	–	419.612	–
Ourilândia do Norte	–	2.496.145	1.595.883	64
Parauapebas	–	800.000	1.085.811	136
Pau D'arco	–	67.000	659.521	984
Redenção	–	–	385.779	–
Rio Maria	–	–	454.362	–
Rondon do Pará	–	–	311.347	–
São Félix do Xingu	–	1.069.596	1.312.955	123
São João do Araguaia	–	–	332.539	–
Tucumã	–	–	543.733	–
Tucuruí	100	–	850.297	–
Xinguara	–	1.214.978	463.286	38

Fonte: elaborada pela autora com dados das LOAs municipais de 2015, disponibilizadas nos *sites* do TCM-PA, e valores do ICMS Verde repassados aos municípios, disponível no *site* da SEMAS-PA.

A Tabela 14 apresenta os valores fixados aos fundos de meio ambiente na LOA de 2015 e os respectivos valores de ICMS Verde repassados aos municípios. Ressalta-se que, naquele ano, a Lei nº 7.638/2012 estipulou o percentual de 4%, caso o município cumprisse todos os critérios.

Verificou-se em termos percentuais do imposto recebido que apenas os municípios de Bannach, Bom Jesus do Tocantins, Breu Branco, Canaã dos Carajás, Ourilândia do Norte, Parauapebas, Pau D'arco e São Félix do Xingu e Xinguara, cujos fundos ambientais estavam em operação, fixaram valores aos fundos ambientais.

Além disso, os municípios de Bannach, Canaã dos Carajás, Parauapebas, Pau D'arco e São Félix do Xingu receberam recursos do ICMS Verde acima dos valores fixados aos fundos ambientas. Por sua vez, os municípios de Bom Jesus do Tocantins, Breu Branco, Ourilândia do Norte e Xinguara receberam recursos do ICMS Verde abaixo dos valores fixados aos fundos ambientais. Os demais municípios não haviam instituído fundos ou estes não estavam em operação no ano pesquisado.

Tabela 15 – Valor fixado na LOA *versus* ICMS Verde repassado ao município em 2016

Município	Repasse na Lei de Destinação (%)	Valor fixado na LOA ao FMMA – 2016	ICMS Verde repassado ao município – 2016	Repasse (%)
Água Azul do Norte	–	–	876.326	–
Bannach	–	372.990	1.119.765	300
Bom Jesus do Tocantins	–	1.088.606	845.687	77
Breu Branco	–	3.970.000	981.681	24
Canaã dos Carajás	100	3.890.672	1.212.419	31
Conceição do Araguaia	–	–	909.149	–
Cumarú do Norte	100	–	1.395.448	–
Curionópolis	–	–	611.829	–
Floresta do Araguaia	–	–	446.726	–
Nova Ipixuna	–	388.000	596.130	153
Ourilândia do Norte	–	2.913.078	1.970.612	67
Parauapebas	–	500.000	1.625.116	325
Pau D'arco	–	116.000	1.128.886	973
Redenção	–	–	537.217	–
Rio Maria	–	–	649.772	–
Rondon do Pará	–	–	472.504	–
São Félix do Xingu	–	609.044	1.939.256	318
São João do Araguaia	–	–	508.425	–
Tucumã	–	5.709.560	785.451	13
Tucuruí	100	–	1.281.668	–
Xinguara	–	435.000	655.206	150

Fonte: elaborada pela autora com dados das LOAs municipais de 2015, disponibilizadas nos *sites* do TCM-PA, e valores do ICMS Verde repassados aos municípios, disponível no *site* da SEMAS-PA.

A Tabela 15 apresenta os valores fixados aos fundos de meio ambiente na LOA de 2016 e os respectivos valores recebidos pelos municípios do ICMS Verde, que naquele ano foi de 6%, quando cumpridos todos os critérios.

Desse modo, em termos percentuais do imposto recebido, observa-se que os municípios de Bannach, Bom Jesus do Tocantins, Breu Branco, Canaã dos Carajás, Nova Ipixuna, Ourilândia do Norte, Parauapebas, Pau D'arco, São Félix do Xingu, Tucumã e Xinguara, cujos fundos ambientais estavam em operação, fixaram valores aos fundos ambientais.

Além disso, Bannach, Nova Ipixuna, Parauapebas, Pau D'arco, São Félix do Xingu e Xinguara receberam recursos do ICMS Verde acima dos valores fixados aos fundos ambientas. Em contrapartida, os municípios de Bom Jesus do Tocantins, Breu Branco, Canaã dos Carajás, Conceição do Araguaia, Ourilândia do Norte e Tucumã receberam recursos do ICMS Verde abaixo dos valores fixados aos fundos ambientais. Os demais municípios não haviam instituído fundos ou estes não estavam em operação no ano pesquisado.

Tabela 16 – Valor fixado na LOA *versus* ICMS Verde repassado ao município em 2017

(continua)

Município	Repasse na Lei de Destinação (%)	Valor fixado na LOA ao FMMA – 2017	ICMS Verde repassado ao município – 2017	Repasse (%)
Água Azul do Norte	–	–	1.225.668	–
Bannach	–	323.675	707.872	219
Bom Jesus do Tocantins	–	647.661	712.536	110
Breu Branco	100	3.364.593	1.225.666	36
Canaã dos Carajás	100	2.568.157	1.225.667	48
Conceição do Araguaia	–	–	1.225.666	–
Cumarú do Norte	100	929.000	1.897.181	204
Curionópolis	–	–	1.225.666	–
Floresta do Araguaia	–	–	1.225.665	–
Nova Ipixuna	–	610.092	1.225.665	201
Ourilândia do Norte	–	404.401	1.445.765	358
Parauapebas	–	5.000	1.225.668	24.513
Pau D'arco	–	100.300	721.752	720

(conclusão)

Município	Repasse na Lei de Destinação (%)	Valor fixado na LOA ao FMMA – 2017	ICMS Verde repassado ao município – 2017	Repasse (%)
Redenção	–	–	1.225.666	–
Rio Maria	–	–	701.925	–
Rondon do Pará	–	–	1.225.667	–
São Félix do Xingu	–	919.466	2.849.174	310
São João do Araguaia	–	–	728.799	–
Tucumã	–	3.664.700	978.235	27
Tucuruí	100	12.703	1.225.667	9.649
Xinguara	–	5.896	1.007.077	17.081

Fonte: elaborada pela autora com dados das LOAs municipais de 2017, disponibilizadas nos *sites* do TCM-PA, e valores do ICMS Verde repassados aos municípios, disponível no *site* da SEMAS-PA.

A Tabela 16 mostra os valores fixados aos fundos de meio ambiente na LOA de 2017 e os respectivos valores recebidos pelos municípios do ICMS Verde, que naquele ano alcançou 8%, quando cumpridos todos os critérios.

Desse modo, em termos percentuais do imposto recebido, observa-se que os municípios de Bannach, Bom Jesus do Tocantins, Breu Branco, Canaã dos Carajás, Cumarú do Norte, Nova Ipixuna, Ourilândia do Norte, Parauapebas, Pau D'arco, São Félix do Xingu, Tucumã, Tucuruí e Xinguara, cujos fundos ambientais estavam em operação, fixaram valores aos fundos ambientais.

Além disso, os municípios de Bannach, Bom Jesus do Tocantins, Cumarú do Norte, Nova Ipixuna, Ourilândia do Norte, Parauapebas, Pau D'arco, Rio Maria, São Félix do Xingu, Tucuruí e Xinguara receberam recursos do ICMS Verde acima dos valores fixados aos fundos ambientais. Por sua vez, os municípios de Breu Branco, Canaã dos Carajás e Tucumã receberam recursos do ICMS Verde abaixo dos valores fixados aos fundos ambientais. Os demais municípios não haviam instituído fundos ou estes não estavam em operação no ano em questão.

Tabela 17 – Valor fixado na LOA *versus* ICMS
Verde repassado ao município em 2018

Município	Repasse na Lei de Destinação (%)	Valor fixado na LOA ao FMMA – 2018	ICMS Verde repassado ao município – 2018	Repasse (%)
Água Azul do Norte	–	1.022.340	1.253.905	123
Bannach	–	311.200	1.246.656	401
Bom Jesus do Tocantins	–	1.140.284	1.213.116	106
Breu Branco	100	3.783.667	1.254.566	33
Canaã dos Carajás	100	3.789.193	1.238.209	33
Conceição do Araguaia	–	1449927	1.306.516	90
Cumarú do Norte	100	1.506.000	1.943.399	129
Curionópolis	–	59.512	1.216.417	2.044
Floresta do Araguaia	–	667.083	745.320	112
Nova Ipixuna	–	199.590	1.132.726	568
Ourilândia do Norte	–	520.757	1.404.132	270
Parauapebas	–	22.482	1.321.491	5.878
Pau D'arco	–	99.037	717.009	724
Redenção	–	1.871.400	1.266.816	68
Rio Maria	–	485.786	1.256.015	259
Rondon do Pará	–	1.064.015	1.509.861	142
São Félix do Xingu	–	480.967	3.241.457	674
São João do Araguaia	–	125.496	661.919	527
Tucumã	–	1.309.600	1.181.550	90
Tucuruí	100	1.015.388	1.245.346	123
Xinguara	–	5.635.119	1.268.466	23

Fonte: elaborada pela autora com dados das LOAs municipais de 2018, disponibilizadas nos *sites* do TCM-PA, e valores do ICMS Verde repassados aos municípios, disponível no *site* da SEMAS-PA.

A Tabela 17 mostra os valores fixados aos fundos de meio ambiente na LOA de 2018 e os respectivos valores recebidos pelos municípios do ICMS Verde, que foi de 8%, quando cumpridos todos os critérios.

Desse modo, em termos percentuais do imposto recebido, observa-se que todos os municípios haviam colocado em operação fundos ambientais e fixaram valores aos fundos ambientais na LOA de 2018.

Entre esses municípios, Água Azul do Norte, Bannach, Bom Jesus do Tocantins, Cumarú do Norte, Curionópolis, Floresta do Araguaia,

Nova Ipixuna, Ourilândia do Norte, Parauapebas, Pau D'arco, Rio Maria, Rondon do Pará, São Félix do Xingu, São João do Araguaia e Tucuruí receberam recursos do ICMS Verde acima dos valores fixados aos fundos ambientais.

Em contrapartida, Breu Branco, Canaã dos Carajás, Conceição do Araguaia, Redenção, Tucumã e Xinguara receberam recursos do ICMS Verde abaixo dos valores fixados aos fundos ambientais.

De todos os exercícios analisados (2014 a 2018), foi possível observar que, entre os quatro municípios que já legislaram sobre a destinação do ICMS Verde, apenas Cumarú do Norte e Tucuruí fixaram na LOA percentual abaixo do estabelecido nas referidas Leis.

Não obstante, como já citado, a LOA é autorizativa, ou seja, autoriza o gasto, mas não impõe ao Chefe do Poder Executivo a obrigação de realizar/executar todas as despesas previamente fixadas no orçamento.

Após confrontar o valor fixado ao fundo de meio ambiente na LOA com o repassado do ICMS Verde às prefeituras e verificar se o valor fixado cumpre o estabelecido nas leis de destinação do imposto, tratar-se-á a seguir da execução orçamentária do imposto, ou seja, em que os recursos estão sendo aplicados pelos fundos municipais de meio ambiente.

3.5 A execução orçamentária do ICMS Verde e as principais despesas dos fundos municipais de meio ambiente

A LOA é o orçamento público propriamente dito, em que consta a programação das despesas em cada política pública, bem como a previsão das receitas para custear essas despesas. Entretanto, como já mencionado, a LOA autoriza os gastos, mas não obriga o Poder Executivo a cumpri-lo em sua totalidade, uma vez que nem sempre as receitas previstas são totalmente arrecadadas.

Desse modo, a despesa pública é a aplicação do dinheiro arrecadado por meio das espécies tributárias, como impostos, taxas, contribuições ou outras fontes para custear os serviços públicos prestados à sociedade ou a realização de investimentos. Assim, "despesa executada" significa que o gestor público executa as despesas previstas no orçamento público.[23]

Para a execução das despesas ambientais fixadas no orçamento anual, é necessário que a prefeitura disponibilize os recursos e repasse aos fundos ou às secretarias ambientais ou que ela mesma execute essas despesas, de acordo com a programação da gestão ambiental do município. Em regra, as leis de criação do sistema municipal de meio ambiente ou as leis de criação do próprio fundo constam das principais ações da política pública ambiental.

Assim, como já demonstrado, os orçamentos municipais fixaram valores aos fundos, que, na perspectiva desse órgão ambiental, é uma receita que irá custear suas despesas. Desse modo, observou-se nos balanços gerais – demonstrativo contábil que compõe a prestação de contas anual do Poder Executivo Municipal – os valores das despesas executadas pelos respectivos fundos.

Para tanto, levantou-se o volume de receitas repassadas pelas prefeituras aos fundos diante dos valores do ICMS Verde recebidos pelos municípios para verificar quais prefeituras executam despesas nos fundos ambientais e se há aporte financeiro da receita própria municipal, conforme demonstrado nas tabelas a seguir.

Tabela 18 – Repasse ICMS Verde: SEFA – PM
versus PM – FMMA de 2014 a 2016

(continua)

Ano	2014 (2%)		2015 (4%)		2016 (6%)	
Municípios	SEFA – PM	PM – FMMA	SEFA – PM	PM – FMMA	SEFA – PM	PM – FMMA
Água Azul Norte	389.057	–	846.803	–	876.326	–
Bannach	321.854	–	752.653	–	1.119.765	159.484
Bom Jesus do Tocantins	382.381	–	585.455	1.679.470	845.687	567.435
Breu Branco	287.038	–	637.641	2.357.335	845.687	2.900.850
Canaã dos Carajás	362.344	–	816.114	2.895.916	1.212.419	3.170.661

---

[23] Ver mais sobre o tema em: www.portaltransparencia.gov.br/entenda-a-gestao-publica/execucao-despesa-publica (acesso em: 9 maio 2023).

(conclusão)

Ano	2014 (2%)		2015 (4%)		2016 (6%)	
Municípios	SEFA – PM	PM – FMMA	SEFA – PM	PM – FMMA	SEFA – PM	PM – FMMA
Conceição do Araguaia	263.618	–	587.718	–	909.149	–
Cumarú do Norte	450.616	–	956.890	–	1.395.448	–
Curionópolis	217.081	–	464.396	–	611.829	–
Floresta do Araguaia	119.484	–	279.290	–	446.726	–
Nova Ipixuna	197.423	–	419.612	–	596.130	–
Ourilândia Norte	754.634	–	1.595.884	154.139	1.970.612	234.281
Parauapebas	514.864	–	1.085.811	–	1.625.117	3.868
Pau D'arco	301.803	–	659.521	32.787	1.128.886	46.060
Redenção	186.225	–	385.780	–	537.217	–
Rio Maria	220.971	–	454.362	–	649.772	–
Rondon do Pará	251.593	–	311.347	–	472.504	–
São Félix do Xingu	616.440	–	1.312.956	3.907.025	1.939.257	3.717.145
São João do Araguaia	154.866	–	332.540	–	508.425	–
Tucumã	268.334	–	543.733	–	785.452	810.068
Tucuruí	382.446	–	850.298	–	1.281.669	–
Xinguara	225.397	–	463.286	334.920	655.206	920.526
Total recebido	**6.868.469**	–	**14.342.091**	**11.361.592**	**20.413.286**	**12.530.377**

Fonte: elaborada pela autora com dados dos *sites* da SEFA-PA, SEMAS-PA e TCM-PA (SPE, e-Contas e REI).

Tabela 19 – Repasse ICMS Verde: SEFA – PM
versus PM – FMMA de 2017 a 2018

Ano	2017 (8%)		2018 (8%)	
Municípios	SEFA – PM	PM – FMMA	SEFA – PM	PM – FMMA
Água Azul Norte	1.225.668	–	1.253.905	722.760
Bannach	707.872	113.673	1.246.656	234.755
Bom Jesus do Tocantins	712.537	794.176	1.213.117	1.029.342
Breu Branco	1.225.667	3.114.222	1.254.567	3.518.474
Canaã dos Carajás	1.225.668	2.641.332	1.238.210	3.846.714
Conceição do Araguaia	1.225.666	–	1.306.516	1.352.786
Cumarú do Norte	1.897.182	584.232	1.943.399	587.811
Curionópolis	1.225.666	–	1.216.417	491.219
Floresta do Araguaia	1.225.666	–	1.240.236	328.780
Nova Ipixuna	1.225.665	289.245	1.132.726	449.654
Ourilândia Norte	1.445.766	377.246	1.404.132	377.246
Parauapebas	1.225.669	–	1.321.491	1.907.425
Pau D'arco	721.752	62.719	717.010	79.213
Redenção	1.225.666	–	1.266.817	956.887
Rio Maria	701.925	–	1.256.016	427.072
Rondon do Pará	1.225.667	–	1.509.861	932.400
São Félix do Xingu	2.849.174	3.553.472	3.241.458	2.714.327
São João do Araguaia	728.799	–	661.920	88.097
Tucumã	978.235	810.068	1.181.550	463.469
Tucuruí	1.225.667	12.313	1.245.346	88.484
Xinguara	1.007.077	2.431.900	1.268.467	4.921.047
Total recebido	**25.232.655**	**14.784.597**	**28.119.816**	**25.517.960**

Fonte: elaborada pela autora com dados dos *sites* da SEFA-PA, SEMAS-PA e TCM-PA (SPE, e-Contas e REI).

Da análise das tabelas 18 e 19 observa-se que, em 2014, nenhuma prefeitura destinou recursos aos fundos de meio ambiente; já em 2015, apenas dez prefeituras destinaram recursos aos fundos ambientais, sendo que somente os municípios de Bom Jesus dos Tocantins, Breu Branco, Canaã dos Carajás e São Félix do Xingu destinaram recursos aos fundos acima dos valores recebidos de ICMS Verde.

Em 2016, doze prefeituras destinaram recursos aos fundos ambientais; destes, somente as prefeituras de Breu Branco, Canaã dos Carajás, São Félix do Xingu, Tucumã e Xinguara repassaram valor acima do repasse do ICMS Verde.

Em 2017, treze municípios destinaram recursos aos fundos ambientais, mas apenas Bom Jesus dos Tocantins, Breu Branco, Canaã dos Carajás, São Félix do Xingu, Tucumã e Xinguara repassaram valores acima do repasse do ICMS Verde.

Por fim, em 2018, todas as prefeituras destinaram recursos aos fundos; no entanto, apenas Breu Branco, Canaã dos Carajás, Conceição do Araguaia, Parauapebas e Xinguara repassaram valores acima do valor do repasse de ICMS Verde.

Desse modo, foi possível identificar os municípios que repassaram valores aos fundos ambientais acima dos montantes transferidos de ICMS Verde pelo órgão estadual; no entanto, não há como determinar a origem da receita aplicada – se proveniente do repasse estadual ou da receita municipal própria – apenas com a análise dos dados fornecidos, a saber, os documentos constantes nas prestações de contas dos fundos, tendo em vista que não há detalhamento das receitas recebidas.

No acumulado de 2014 a 2018, constatou-se que os 21 municípios da mesorregião do sudeste do Pará selecionados na pesquisa receberam como repasse do ICMS Verde o montante de R$94.976.316; por sua vez, as prefeituras repassaram aos fundos municipais de meio ambiente, no mesmo período, o montante de R$66.234.828 (Tabela 20).

Tabela 20 – Repasse ICMS Verde: SEFA – PM *versus* PM – FMMA, acumulado de 2014 a 2018

(continua)

Municípios	SEFA para PM	PM para o FMMA	Repasse para o FMMA no período
Água Azul do Norte	4.591.758	722.759	15,74
Bannach	4.148.800	507.911	12,24
Bom Jesus do Tocantins	3.739.176	4.070.422	108,86
Breu Branco	4.250.599	11.890.880	279,75
Canaã dos Carajás	4.854.753	12.554.623	258,60
Conceição do Araguaia	4.292.667	1.352.786	31,51
Cumarú do Norte	6.643.535	1.172.042	17,64
Curionópolis	3.735.389	1.421.417	38,05
Floresta do Araguaia	3.311.402	328.779	9,93
Nova Ipixuna	3.571.557	738.898	20,69
Ourilândia do Norte	7.171.027	1.144.126	15,95
Parauapebas	5.772.951	1.911.293	33,11
Pau D'arco	3.528.972	220.778	6,26
Redenção	3.601.704	956.887	26,57
Rio Maria	3.283.046	1.296.917	39,50
Rondon do Pará	3.770.972	932.399	24,73

			(continua)
Municípios	SEFA para PM	PM para o FMMA	Repasse para o FMMA no período
São Félix do Xingu	9.959.284	13.891.969	139,49
São João do Araguaia	2.386.550	47.618	2,00
Tucumã	3.757.304	2.375.439	63,22
Tucuruí	4.985.426	88.483	1,77
Xinguara	3.619.433	8.608.393	237,84
Total recebido	**94.976.316**	**66.234.828**	**69,74**

Fonte: elaborada pela autora com dados dos *sites* da SEFA-PA, SEMAS-PA e TCM-PA (SPE, e-Contas e REI).

Observa-se que apenas cinco municípios repassaram aos fundos ambientais valores acima do recebido do ICMS Verde, no período.

A Figura 3 mostra a totalidade dos repasses de 2014 a 2018 repassados aos municípios pesquisados. Além disso, em termos percentuais, apresenta quanto foi encaminhado aos fundos ambientais e outras destinações.

Figura 3 – Destinação do ICMS Verde aos FMMAs e outras políticas públicas (2014 a 2018)

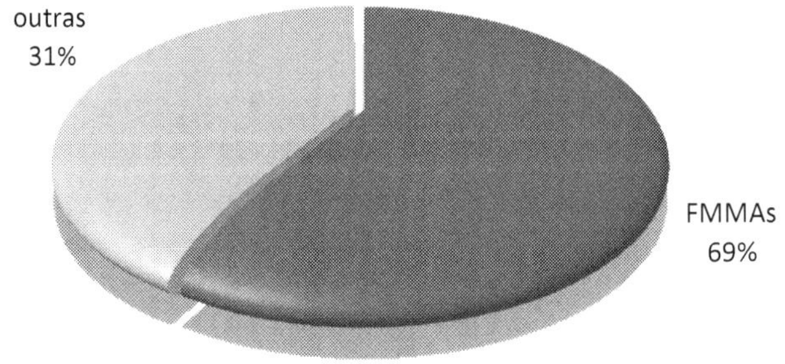

outras 31%

FMMAs 69%

Fonte: elaborada pela autora com dados de *sites* da SEFA-PA, SEMAS-PA e TCM-PA (SPE, e-Contas e REI).

Ressalta-se que a ausência de informações detalhadas nos demonstrativos contábeis que compõem as prestações de contas sobre os tipos de receitas transferidas aos fundos municipais de meio ambiente e o valor do aporte financeiro da receita própria municipal dificulta a análise.

Outro detalhe importante é que apenas a partir de 2018, por exigência do TCM-PA, os fundos municipais de meio ambiente passaram a dispor de conta-corrente e CNPJ próprios.

Desse modo, nas tabelas a seguir, serão apresentados os valores repassados pela prefeitura aos fundos em comparação com as despesas executadas pelos respectivos fundos municipais de meio ambiente nos exercícios de 2015 a 2018.

Tabela 21 – Repasse da PM para o FMMA *versus* despesa executada pelo FMMA – 2015[24]

Município	Repasse da PM ao FMMA (em reais)	Despesa executada pelo FMMA (em reais)	% executada
Água Azul do Norte	–	–	–
Bannach	–	–	–
Bom Jesus do Tocantins	1.679.469	1.403.900	83,59
Breu Branco	2.357.334	702.570	29,80
Canaã dos Carajás	2.895.916	2.770.376	95,66
Conceição do Araguaia	–	–	–
Cumarú do Norte	–	–	–
Curionópolis	–	–	–
Floresta do Araguaia	–	–	–
Nova Ipixuna	–	–	–
Ourilândia do Norte	154.137	155.866	101,12
Parauapebas	–	–	–
Pau D'arco	32.786	45.075	137,48
Redenção	–	–	–
Rio Maria	–	–	–
Rondon do Pará	–	–	–
São Félix do Xingu	3.907.025	4.118.351	105,41
São João do Araguaia	–	–	–
Tucumã	–	–	–
Tucuruí	–	–	–
Xinguara	334.920	420.304	125,49

Fonte: elaborada pela autora com dados do Balanço Geral de 2015, disponibilizado no *site* do TCM-PA.

A Tabela 21 demonstra que os fundos de meio ambiente dos municípios de Bom Jesus do Tocantins, Breu Branco e Canaã dos Carajás executaram despesa abaixo dos valores recebidos da prefeitura.

---

[24] Ressalta-se que em 2014 não houve repasse da prefeitura ao fundo ambiental e despesas não foram executadas. Nos demais exercícios, a ausência de repasse e despesa executada significa que o município ainda não havia criado ou colocado em operação seu fundo de meio ambiente.

Os fundos de meio ambiente dos municípios de Ourilândia do Norte Pau D'Arco, São Félix do Xingu e Xinguara executaram despesa acima dos valores recebidos das prefeituras. Isso significa que as despesas superaram os valores recebidos, de modo que os fundos deixaram valores inscritos em restos a pagar[25] sem contrapartida financeira.

Tabela 22 – Repasse da PM para o FMMA *versus* despesa executada pelo FMMA – 2016

Município	Repasse da PM ao FMMA (em reais)	Despesa executada pelo FMMA (em reais)	% executada
Água Azul do Norte	–	–	–
Bannach	159.483	163.614	103
Bom Jesus do Tocantins	567.434	794.258	140
Breu Branco	2.900.849	2.730.091	94
Canaã dos Carajás	3.170.660	3.197.769	101
Conceição do Araguaia	–	–	–
Cumarú do Norte	–	–	–
Curionópolis	–	–	–
Floresta do Araguaia	–	–	–
Nova Ipixuna	–	–	–
Ourilândia do Norte	234.281	224.594	95,87
Parauapebas	3.868	5.056	130,71
Pau D'arco	46.059	44.736	97,13
Redenção	–	–	–
Rio Maria	–	–	–
Rondon do Pará	–	–	–
São Félix do Xingu	3.717.144	3470.522	93,37
São João do Araguaia	–	–	–
Tucumã	–	–	–
Tucuruí	–	–	–
Xinguara	920.526	1.068.605	116,09

Fonte: elaborada pela autora com dados do Balanço Geral de 2016, disponibilizado no *site* do TCM-PA.

---

[25] Para a Lei nº 4320/1964, art. 36, "consideram-se Restos a Pagar as despesas empenhadas, mas não pagas até o dia 31 de dezembro distinguindo-se as processadas das não processadas".

A Tabela 22 demonstra que os fundos de meio ambiente dos municípios de Breu Branco, Ourilândia do Norte, Pau D'arco e São Félix do Xingu executaram despesa abaixo dos valores recebidos da prefeitura e os fundos de meio ambiente dos municípios de Bannach, Bom Jesus do Tocantins, Canaã dos Carajás, Parauapebas e Xinguara executaram despesa acima dos valores recebidos da Prefeitura. Isso implica dizer que as despesas superaram os valores recebidos, portanto os fundos deixaram valores inscritos em restos a pagar sem contrapartida financeira.

Tabela 23 – Repasse da PM para o FMMA *versus* despesa executada pelo FMMA – 2017

Município	Repasse da PM ao FMMA (em reais)	Despesa executada pelo FMMA (em reais)	% executada
Água Azul do Norte	–	–	–
Bannach	113.672	116.713	103
Bom Jesus do Tocantins	794.176	1.083.807	136
Breu Branco	3.114.221	3.355.776	108
Canaã dos Carajás	2.641.331	2.651.665	100
Conceição do Araguaia	–	–	–
Cumarú do Norte	584.231	646.293	111
Curionópolis			
Floresta do Araguaia	–	–	–
Nova Ipixuna	289.244	3.000.812	104
Ourilândia do Norte	377.246	376.661	100
Parauapebas	–	–	–
Pau D'arco	62.718	71.429	114
Redenção			
Rio Maria	–	–	–
Rondon do Pará	–	–	–
São Félix do Xingu	3.553.471	3.566.246	100
São João do Araguaia	–	–	–
Tucumã	810.067	405.590	50
Tucuruí	12.313	12.703	103
Xinguara	2.431.900	2.620.930	108

Fonte: elaborada pela autora com dados do Balanço Geral de 2017, disponibilizado no *site* do TCM-PA.

A Tabela 23 mostra que somente o fundo de meio ambiente do município de Tucumã executou despesas abaixo dos valores recebidos da prefeitura; os demais fundos de meio ambiente que receberam valores das prefeituras executaram despesa em valores acima dos recebidos, de modo que os fundos deixaram valores inscritos em restos a pagar sem contrapartida financeira.

Tabela 24 – Repasse da PM para o FMMA *versus* despesa executada pelo FMMA – 2018

Município	Repasse da PM ao FMMA (em reais)	Despesa executada pelo FMMA (em reais)	% executada
Água Azul do Norte	722.760	926.436	128
Bannach	234.755	238.062	101
Bom Jesus do Tocantins	1.029.342	826.279	80
Breu Branco	3.518.474	3.783.464	108
Canaã dos Carajás	3.846.714	3.789.193	99
Conceição do Araguaia	1.352.786	1.350.960	100
Cumarú do Norte	587.811	573.857	98
Curionópolis	491.219	427.083	87
Floresta do Araguaia	328.780	555.575	169
Nova Ipixuna	449.654	452.226	101
Ourilândia do Norte	377.246	376.661	100
Parauapebas	1.907.425	1.956.356	103
Pau D'arco	79.213	99.037	125
Redenção	956.887	1.037.957	108
Rio Maria	427.072	502.311	118
Rondon do Pará	932.400	757.287	81
São Félix do Xingu	2.714.327	2.689.717	99
São João do Araguaia	88.097	88.574	101
Tucumã	463.469	580.271	125
Tucuruí	88.484	26.770	30
Xinguara	4.921.047	5.347.403	109

Fonte: elaborada pela autora com informações do Balanço Geral de 2018, disponibilizado no *site* do TCM-PA.

A Tabela 24 mostra que os fundos de meio ambiente dos municípios de Bom Jesus do Tocantins, Canaã dos Carajás, Cumarú do Norte, Curionópolis, Rondon do Pará, São Félix do Xingu e Tucuruí executaram despesas abaixo dos valores recebidos da prefeitura; já os fundos de meio ambiente dos demais municípios executaram despesa em valores acima dos valores recebidos de ICMS Verde, de modo que os fundos deixaram valores inscritos em restos a pagar sem contrapartida financeira.

Como já mencionado em vários momentos, a partir de 2014, todos os municípios passaram a receber os recursos do ICMS Verde com o objetivo de que tais recursos possam estimular a proteção ambiental. Para tanto, é de suma importância conhecer os fundos ambientais em que estão sendo aplicados ou investidos e, assim, averiguar quanto está sendo utilizado em benefício da implementação de políticas ambientais.

Assim, de acordo com os dados apresentados nas prestações de contas dos fundos municipais de meio ambiente, publicadas nos sistemas informatizados do TCM-PA, foi possível levantar as principais despesas executadas pelos fundos ambientais da mesorregião sudeste do Pará no exercício de 2018, o percentual ao qual cada despesa corresponde, bem como o percentual do valor recebido pelo fundo da prefeitura, e o valor do ICMS Verde recebido pelo município, conforme apresentado na Tabela 25.

Ressalta-se que a escolha pelo exercício financeiro (2018) se deu em razão de ser o ano em que todos os fundos ambientais selecionados na pesquisa apresentaram prestação de contas ao TCM-PA, o que tornou a análise viável.

Tabela 25 – Principais despesas executadas pelos FMMAs *versus* valor recebido da PM e ICMS Verde recebido pela PM – 2018

Municípios	Descrição das despesas executadas	Despesa executada (em reais)	Valor recebido da PM (em reais)	Valor recebido (%)	ICMS Verde recebido	ICMS Verde (%)
Água Azul do Norte	Aquisição de máquinas e equipamentos e locação de veículos	256.880		36		20
	Pessoal	467.287	722.759	65	1.253.905	37
	Outras despesas correntes	202.269		28		16
Total despesa executada		**926.436**		**128%**		**74%**
Bannach	Pessoal	105.884	234.755	45	1.246.656	8
	Outras despesas correntes	132.178		56		11
Total despesa executada		**238.062**		**101%**		**19%**
Bom Jesus Tocantins	Aquisição de máquinas e equipamentos e locação de veículos	267.960		26		22
	Pessoal	410.641	1.029.342	40	1.213.117	34
	Outras despesas correntes	147.677		14		12
Total despesa executada		**826.279**		**80%**		**68%**
Breu Branco	Limpeza pública, combustível, materiais de construção	755.219		21		60
	Prestação de serviços diversos	892.800	3.518.474	25	1.254.567	71
	Pessoal	1.918.452		54		153
	Outras despesas correntes	216.993		6		17
Total despesa executada		**3.783.465**		**108%**		**302%**

(continua)

CAPÍTULO 3
A GESTÃO FINANCEIRA DOS FUNDOS DE MEIO AMBIENTE E O REPASSE DO ICMS VERDE AOS MUNICÍPIOS... | 111

(continua)

Municípios	Descrição das despesas executadas	Despesa executada (em reais)	Valor recebido da PM (em reais)	Valor recebido (%)	ICMS Verde recebido	ICMS Verde (%)
Canaã dos Carajás	Locação de trator e esteira, manutenção de áreas verdes	1.495.885	3.846.714	39	1.238.210	121
	Prestação de serviços diversos	448.101		12		36
	Pessoal	1.600.807		42		129
	Outras despesas correntes	244.400		6		20
Total despesa executada		3.789.194		99%		306%
Conceição do Araguaia	Locação de veículos e outros	142.016	1.352.786	10	1.306.516	11
	Pessoal	1.080.537		80		83
	Outras despesas correntes	128.406		9		10
Total despesa executada		1.350.960		99%		103%
Cumarú do Norte	Manutenção de veículos, combustível, locação de máquinas	257.828	587.810	44	1.943.399	13
	Pessoal	358.406		61		18
	Outras despesas correntes	35.937		6		2
Total despesa executada		652.171		111%		34%
Curionópolis	Combustível, locação de veículos e máquinas	173.674	491.218	35	1.216.417	14
	Pessoal	208.902		43		17
	Outras despesas correntes	44.507		9		4
Total despesa executada		427.083		87%		35%

(continua)

Municípios	Descrição das despesas executadas	Despesa executada (em reais)	Valor recebido da PM (em reais)	Valor recebido (%)	ICMS Verde recebido	ICMS Verde (%)
Floresta do Araguaia	Combustível, locação de veículos e máquinas	284.729	328.779	87	745.321	38
	Pessoal	205.712		63		28
	Outras despesas correntes	65.134		20		9
Total despesa executada		555.575		169%		75%
Nova Ipixuna	Combustível, consultoria	434.441	449.653	97	1.132.726	38
	Outras despesas correntes	17.785		4		2
Total despesa executada		452.226		101%		40%
Ourilândia do Norte	Pessoal	278.782	377.246	74	1.404.132	25
	Outras despesas correntes	97.879		25		9
Total despesa executada		376.661		99%		33%
Parauapebas	*	1.956.356	1.907.425	103	1.321.491	173
Total despesa executada		1.956.356		103%		173%
Pau D'arco	Pessoal	93.574	79.212	118	717.010	13
	Outras despesas correntes	5.463		7		1
Total despesa executada		99.037		125%		14%

CAPÍTULO 3
A GESTÃO FINANCEIRA DOS FUNDOS DE MEIO AMBIENTE E O REPASSE DO ICMS VERDE AOS MUNICÍPIOS...

(continua)

Municípios	Descrição das despesas executadas	Despesa executada (em reais)	Valor recebido da PM (em reais)	Valor recebido (%)	ICMS Verde recebido	ICMS Verde (%)
Redenção	Pessoal	709.060		74		53
	Manutenção de máquinas, combustível, material expediente	204.612		21		16
	Manutenção/conservação veículos, serviços técnicos	60.668	956.877	6	1.266.817	5
	Outras despesas correntes	63.616		7		5
Total despesa executada		**1.037.957**		**108%**		**82%**
Rio Maria	Locação de imóveis, combustível, outros	105.099		25		8
	Pessoal	286.529	427.072	67	1.256.016	23
	Outras despesas correntes	110.682		26		9
Total despesa executada		**502.311**		**118%**		**40%**
Rondon do Pará	Locação de caçambas, vassoura mecanizada e trator	225.000		24		15
	Pessoal	436.293	932.399	47	1.509.861	29
	Outras despesas correntes	94.702		10		6
Total despesa executada		**755.995**		**81%**		**50%**
São Félix do Xingu	Combustível, locação de máquinas, consultoria	751.865		28		23
	Prestação de serviços	411.474	2.714.327	15	3.241.458	13
	Pessoal	1.340.223		49		41
	Outras despesas correntes	186.153		7		6
Total despesa executada		**2.689.717**		**99%**		**83%**

(conclusão)

Municípios	Descrição das despesas executadas	Despesa executada (em reais)	Valor recebido da PM (em reais)	Valor recebido (%)	ICMS Verde recebido	ICMS Verde (%)
São João do Araguaia	Pessoal	65.400		74		10
	Outras despesas correntes	23.174	88.097	26	661.920	4
Total despesa executada		**88.574**		**101%**		**13%**
Tucumã	Pessoal	373.176		81		32
	Outras despesas correntes	207.095	463469	45	1.181.550	18
Total despesa executada		**580.271**		**125%**		**49%**
Tucuruí	Outras despesas correntes	26.770	88.483	30	1.245.346	2
Total despesa executada		**26.770**		**30%**		**2%**
Xinguara	Serviços de engenharia, combustível, contabilidade	1.799.710		37		142
	Prestação de serviços	95.121	4.921.046	2	1.268.467	7
	Pessoal	3.131.865		64		247
	Outras despesas correntes	320.704		7		25
Total despesa executada		5.347.403		109%		422%
Total		**26.462.736**	**26.870.736**	**98%**	**27.624.901**	**96%**

* Parauapebas não discriminou as despesas executadas nos sistemas informatizados do TCM-PA.
Fonte: elaborada pela autora com dados do Balanço Geral de 2018, disponibilizado no SPE/Acompanhamento do TCM-PA.

A tabela compara as despesas executadas com os valores recebidos das prefeituras pelos fundos e os valores do ICMS Verde recebidos pelo município. Constatou-se que o montante das despesas executadas é praticamente igual ao total dos valores recebidos pelo fundo da prefeitura, equivalente a 98% e ao valor do ICMS Verde recebido pelos municípios, que, por sua vez, equivale a 96%, sobressaindo-se nesse percentual a despesa com pessoal.

Outrossim, verifica-se que os fundos de Água Azul do Norte, Bannach, Breu Branco, Cumarú do Norte, Floresta do Araguaia, Nova Ipixuna, Parauapebas, Pau D'arco, Redenção, Rio Maria, São João do Araguaia, Tucumã e Xinguara tiveram despesas acima dos valores recebidos das prefeituras e que praticamente todos os fundos destinaram mais de 50% do valor recebido para cobrir despesa de pessoal.

Por sua vez, os fundos de Canaã dos Carajás, Conceição do Araguaia, Ourilândia do Norte e São Félix do Xingu tiveram despesas em valor equivalente aos valores recebidos das prefeituras e, assim como os outros municípios, as maiores despesas são com pessoal. Por fim, quinze fundos ambientais tiveram despesas de valores inferiores aos recebidos do ICMS Verde pelo município.

Em conversas informais com os ordenadores dos fundos sobre a suficiência ou insuficiência dos recursos do imposto para a manutenção do fundo municipal de meio ambiente, todos responderam que os valores repassados de ICMS Verde são insuficientes para cobrir as despesas; contudo, o levantado demonstrou o inverso. A Figura 4 mostra as principais despesas executadas acumuladas dos fundos pesquisados em termos percentuais no exercício de 2018.

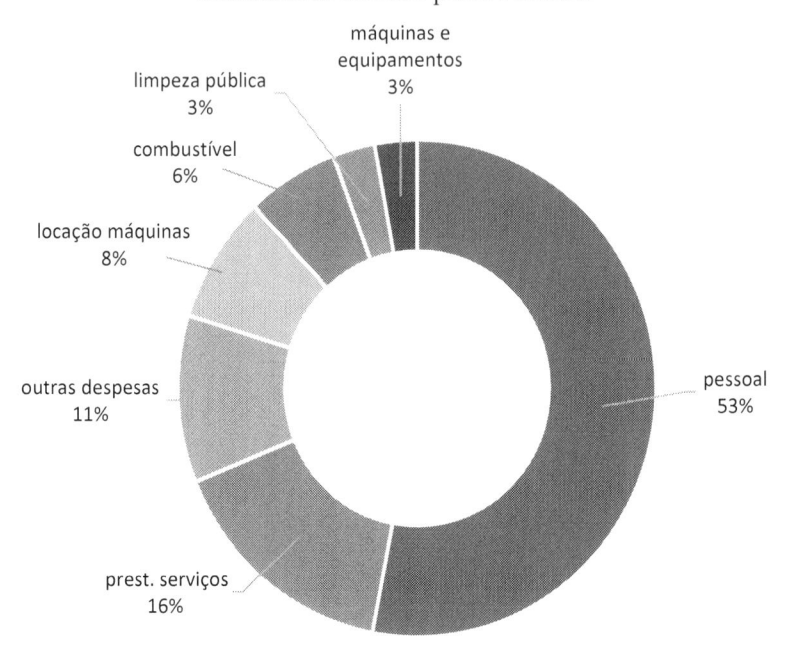

Figura 4 – Principais despesas executadas
acumuladas de 2018 pelos FMMAs

- máquinas e equipamentos 3%
- limpeza pública 3%
- combustível 6%
- locação máquinas 8%
- outras despesas 11%
- prest. serviços 16%
- pessoal 53%

Fonte: elaborada pela autora com base em dados do Balanço Geral de 2018, disponibilizado no SPE/Acompanhamento do TCM-PA.

O mapeamento das despesas em 2018 mostra o padrão de gastos dos fundos, com destaque para as despesas com pessoal, que, naquele ano, foi de 53% do total das despesas executadas, ou seja, a maior parcela das despesas executada pelo órgão, seguida pelas despesas com prestação de serviços, que utilizou cerca de 16%. Essa segunda despesa pode ser considerada extensão da primeira, uma vez que a prestação de serviços, em regra, são contratos firmados com assessoria jurídica ou contábil e, na maioria das vezes, prestados por pessoas físicas.

As outras despesas, que angariaram 7% do total, são, em regra, administrativas, como material de escritório; as demais despesas, com locação de máquinas, combustível, limpeza pública e aquisição de máquinas e equipamentos, totalizam em torno de 19% e podem ser consideradas como de uso para a manutenção do meio ambiente.

No geral, ao analisar o conjunto das despesas executadas pelos fundos pesquisados, não há como distinguir as despesas com a efetiva proteção ambiental devido à falta de clareza nas descrições dos demonstrativos contábeis, os quais fazem parte das prestações de contas e dos dados alimentados nos sistemas informatizados do TCM-PA, a exemplo do Mural de Licitações, que recebe todos os processos licitatórios feitos pelos municípios.

A Figura 5 representa o percentual que cada despesa executada representa em termos percentuais do valor recebido da prefeitura por meio do fundo.

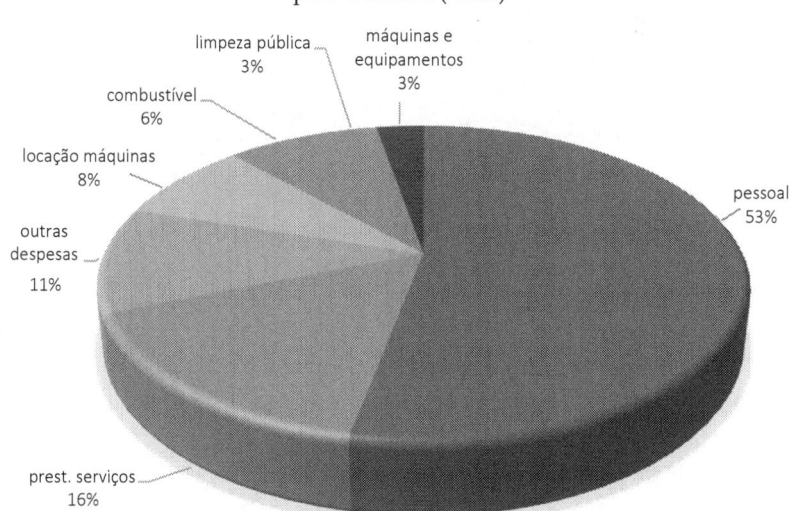

Figura 5 – Despesa executada *versus* valor recebido pelo FMMA (2018)

- limpeza pública 3%
- máquinas e equipamentos 3%
- combustível 6%
- locação máquinas 8%
- outras despesas 11%
- prest. serviços 16%
- pessoal 53%

Fonte: elaborada pela autora com informações do Balanço Geral de 2018, disponibilizado no SPE/Acompanhamento do TCM-PA.

A Figura 6 representa o percentual que cada despesa executada representa em termos percentuais do valor recebido de ICMS Verde pelo município.

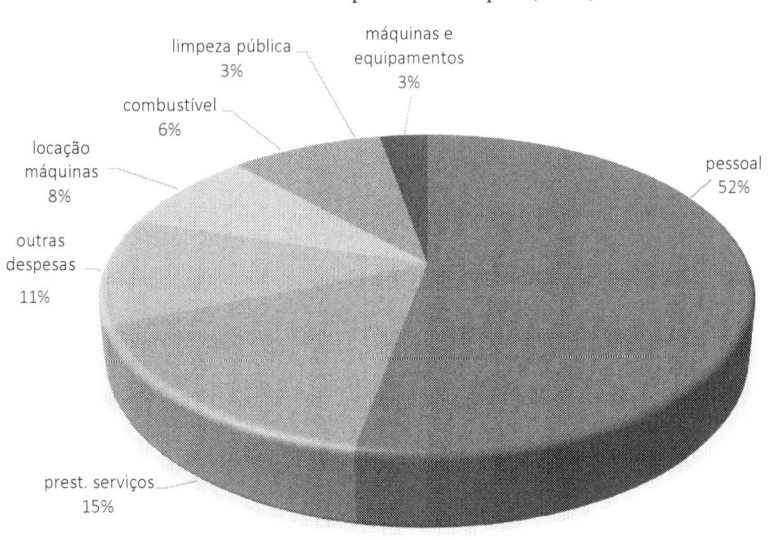

Figura 6 – Despesa executada *versus* valor recebido de ICMS Verde pelo município (2018)

- pessoal 52%
- prest. serviços 15%
- outras despesas 11%
- locação máquinas 8%
- combustível 6%
- limpeza pública 3%
- máquinas e equipamentos 3%

Fonte: elaborada pela autora com base em dados do Balanço Geral de 2018, disponibilizado no SPE/Acompanhamento do TCM-PA.

Dessa constatação, é possível afirmar que o valor equivalente ao recebido/repassado ao município a título de ICMS Verde quando transferidos aos fundos ambientais, em regra, é utilizado para custear despesas diversas, que nem sempre têm finalidade ambiental, mas meramente administrativas. Contudo, não se pretende afirmar que o ICMS Verde é um recurso suficiente, mas que, se mal gerido, jamais o será.

Por fim, ao analisar a gestão financeira dos fundos municipais de meio ambiente, a partir das legislações, dos documentos e das prestações de contas entregues ao TCM-PA, foi possível concluir que:

(i) mesmo com as impropriedades da Lei Estadual nº 7.638/2012, os municípios paraenses, sobretudo os da mesorregião sudeste do Pará, entre 2014 e 2018, criaram e colocaram em funcionamento os respectivos fundos municipais de meio ambiente, aos quais destinaram parcela da receita de ICMS recebida segundo o critério ecológico, uma vez que a maioria dos fundos pesquisados foi criada em lei antes de 2012, mas todos entraram em operação após 2014;

(ii) até 2018, os municípios de Breu Branco, Canaã dos Carajás, Cumarú do Norte e Tucuruí cumpriram o que determina o art. 4º da Lei nº 7.638/2012 e instituíram a lei de destinação do ICMS Verde;

(iii) os municípios que instituíram leis de destinação estabeleceram que 100% do ICMS Verde recebido pela prefeitura é repassado ao respectivo fundo municipal de meio ambiente, ou seja, formalmente deram ênfase do recurso ao fundo, como manda a lei estadual;

(iv) constatou-se que, na prática, os municípios que instituíram as leis de destinação nem sempre cumprem o estabelecido nas próprias legislações, a exemplo de Cumarú do Norte e Tucuruí, que em nenhum exercício repassaram os percentuais estabelecidos;

(v) dos quatro municípios que legislaram sobre o destino do ICMS Verde, apenas Canaã dos Carajás e Breu Branco transferiram aos fundos ambientais o mesmo percentual estabelecido na lei de destinação, ou seja, 100% do ICMS Verde. Contudo, todos os municípios destinaram algum valor em 2018, mesmo não havendo lei que os obrigasse a repassar ao fundo algum valor do ICMS;

(vi) de 2014 a 2017, nem todos os municípios fixavam na LOA valores ao fundo de meio ambiente; no entanto, em 2018 todos fixaram algum valor;

(vii) no período de 2014 a 2018, do montante recebido de ICMS Verde pelos municípios pesquisados, o qual totalizou R$94.976.316 (em valores históricos), foram transferidos aos fundos ambientais R$66.234.828, que representa 69% do todo. Os 31% restantes tiveram destinações diversas.

(viii) em regra, os municípios executam despesas abaixo dos valores recebidos, exceto Parauapebas, que não executou nenhuma despesa no fundo ambiental no período pesquisado;

(ix) as principais despesas executadas pelos fundos de meio ambiente dos municípios da mesorregião sudeste do Pará são com pessoal e prestação de serviços, os quais consumiram em torno de 53% e 16%, respectivamente, do total da despesa executada no exercício de 2018.

CONSIDERAÇÕES FINAIS

A presente obra ressaltou a importância dos recursos do ICMS Verde enquanto instrumento de promoção das políticas públicas ambientais, tendo como perspectiva investigar em que medida esses recursos estão sendo utilizados em benefício da implementação de tais políticas nos municípios paraenses, sobretudo aqueles destinados aos fundos municipais de meio ambiente. Assim, para o desenvolvimento, foi necessário enfrentar questões relevantes para entender as particularidades que permeiam a Lei nº 7.638/2012, a qual inseriu no estado do Pará a política do ICMS Verde, cujo objetivo primordial é a redução do desmatamento ilegal no estado e no bioma Amazônia.

Desse modo, primeiramente, o livro forneceu um panorama da política do ICMS Verde no contexto do federalismo fiscal brasileiro, para que se possa compreender que esses recursos são importantes aos entes municipais, sobretudo quando o estado tenta minimizar as desigualdades existentes entre os municípios, em especial aqueles cujas extensões territoriais contam com áreas de preservação ambiental e que sofrem limitações financeiras, dado que as áreas não podem produzir riquezas, que são princípio do aumento da arrecadação do ICMS baseado no VAF e geram grandes assimetrias fiscais.

Nessa perspectiva, ao readequar a forma de repasse do imposto, incluindo critérios ambientais a serem cumpridos pelos municípios, o estado almejou estimular e incentivar a proteção ao meio ambiente, o que importaria mais recursos aos municípios, sem levar em consideração a riqueza gerada naquele território. Desse modo, essa política é um instrumento econômico que tem contribuído muito para a promoção da proteção ambiental no Brasil, sendo eleita pela doutrina como espécie de pagamento por serviços ambientais. Contudo, a trajetória da política no estado do Pará não tem alcançado resultados tão incentivadores como deve ser um PSA, uma vez que os municípios que mais receberam recursos do ICMS Verde foram os que mais desmataram florestas, como demonstrado em 2017 e 2018.

Assim, compreendendo de forma geral a política do ICMS Verde no âmbito do federalismo fiscal, sua importância como instrumento econômico de proteção ambiental, suas características como pagamento por serviços ambientais e o surgimento da lei adotada no estado, também há que se considerar a particularidade contida especificamente no art. 4º da Lei nº 7.638/2012, a qual, para redistribuir a cota-parte do ICMS aos municípios que constitucionalmente lhes pertence, criou inúmeras responsabilidades e obrigações a esses entes, sobretudo a obrigação de legislar para a criação de um fundo municipal de meio ambiente.

Além disso, a norma Estadual determina, ainda, que o município repasse aos fundo os recursos recebidos da cota-parte de ICMS, cuja transferência segue o critério ecológico.

Na perspectiva constitucional, discutiu-se sobre o princípio da autonomia municipal para legislar, uma vez que é perceptível que a lei estadual tenta interferir na competência do município, notadamente no que tange à capacidade de legislar em matéria de interesse local ou gerir as respectivas receitas orçamentárias, bem como organizar e executar os serviços públicos que lhe competem. Assim, o comando normativo do estado não se justifica, e não há embasamento no ordenamento nacional que conceda a esse ente a prerrogativa de se impor na seara das competências municipais e, ainda, necessariamente custeado pelos acréscimos financeiros decorrentes das receitas transferidas de cota-parte de ICMS pertencente aos próprios municípios paraenses.

Na sequência, a norma paraense também fragiliza o princípio da não vinculação da receita de impostos, uma vez que a receita de impostos não pode ser vinculada a fundos, e, mesmo havendo ressalvas no texto constitucional, a destinação de receita de impostos a fundos se refere, na verdade, a gastos obrigatórios e repartições de receita no âmbito federativo, e não a vinculações.

Ressalta-se que o fundo municipal de meio ambiente é um fundo de destinação; assim, transferir receita de impostos seria inconstitucional, por violação não somente ao art. 167, IV, da Constituição da República, mas também ao próprio federalismo fiscal.

Ademais, quando a lei estadual sugere que a lei municipal vincule ao fundo de meio ambiente as receitas transferidas de cota-parte de ICMS pertencente ao município, não encontra amparo no art. 167, IV, o qual veda a vinculação da receita de impostos a qualquer fundo ou despesa. Além disso, a inclusão do art. 158, parágrafo único, II, da Constituição da República nas exceções do referido artigo não autorizou o legislador estadual a criar nova hipótese de vinculação de receita tributária, ainda mais quando tal receita pertence ao ente municipal.

Além disso, nenhum tributo pode ter receita previamente vinculada a fundos, porquanto dependem de decisões orçamentárias oriundas do parlamento, ou seja, pela respectiva LOA. Na prática, nenhum fundo tem receita garantida, não sendo possível vincular previamente receitas tributárias a qualquer fundo. Nesse impedimento, inclui-se a receita do ICMS Verde, a qual deve ficar livre de amarras, à disposição do legislador orçamentário.

Por derradeiro, ao analisar na prática a gestão financeira dos fundos municipais de meio ambiente, a partir das legislações, dos documentos e das prestações de contas entregues ao TCM-PA, foi possível responder em que medida os recursos do ICMS Verde estão sendo utilizados em benefício da implementação das políticas públicas ambientais, ou seja, chegou-se à conclusão de que o ICMS Verde, em termos de valores financeiros, é pouco ou quase nada utilizado em benefício da implementação das políticas públicas ambientais nos municípios paraenses. Contudo, a Lei nº 7.638/2012 pode ser o grande entrave, sobretudo quanto ao art. 4º, cujas impropriedades aqui discutidas podem ser atacadas como inconstitucionais. No entanto, tais dispositivos continuam válidos, uma vez que a lei está vigente e mesmo é objeto de fiscalização pela Corte de Contas.

Entretanto, não se pode negar que o ICMS Verde é uma política que pode despertar a consciência fiscalizatória ecológica, pois o Poder Público local muitas vezes deixa a política ambiental em segundo plano, tendo em vista as inúmeras demandas dos munícipes; por isso, os recursos recebidos têm grande relevância aos municípios paraenses, os quais, em sua maioria, vivem às expensas das transferências constitucionais. Assim, reduzi-los pode não ser a solução mais adequada para a redução da taxa de desmatamento ilegal, como almejou o legislador.

Por fim, ressalta-se que não há necessidade de burlar princípios constitucionais ou o pacto federativo para viabilizar o uso de receitas de imposto que constitucionalmente pertencem aos municípios ou determinar que os entes municipais legislem sobre políticas locais sem amparo legal, como tenta a lei paraense. Afinal, a política pública de proteção ao meio ambiente deveria ser prioridade nos orçamentos municipais, sem necessidade de nenhuma imposição do estado, sobretudo por ser direito essencial à sobrevivência humana.

REFERÊNCIAS

ALECRIM, E. O que é Blockchain: significado e funcionamento. *InfoWester*, São Paulo, 4 dez. 2019. Disponível em: www.infowester.com/blockchain.php. Acesso em: 9 maio 2023.

ALVES, F. A. A. Autonomia municipal e interesse local como parâmetros à competência legislativa dos municípios. *Revista da Faculdade de Direito de Campos*, ano IV, n. 4/ano V, n. 5, p. 527-581, 2004.

AMARAL, P. H. *Direito tributário ambiental*. São Paulo: Revistas dos Tribunais, 2007.

ARAGÃO, A. A natureza não tem preço... mas devia: o dever de valorar e pagar os serviços dos ecossistemas. *In*: SOUSA, M. R.; QUADROS, F.; OTERO, P. (Coord.). *Estudos em homenagem a Jorge Miranda*. Coimbra: Editora Coimbra, 2012. p. 11-41. (Volume IV: Direito Administrativo e Justiça Administrativa.) Disponível em: http://hdl.handle.net/10316/80975. Acesso em: 9 maio 2023.

BACHUR, J. P. Federalismo fiscal, atribuições fiscais constitucionais, e equalização regional: EUA, Alemanha e Brasil em perspectiva comparada. *Revista do Serviço Público*, Brasília, v. 56, n. 4, out./dez. 2004. Disponível em: https://revista.enap.gov.br/index.php/RSP/article/view/237. Acesso em: 9 maio 2023.

BARBOSA, F. H. (Coord.) et al. *Federalismo fiscal, eficiência e equidade*: uma proposta de reforma tributária. Brasília: Fundação Getulio Vargas, 1998. Disponível em: www.fgv.br/professor/epge/fholanda/Arquivo/FederalismoFiscal.pdf. Acesso em: 9 abr. 2019.

BASSI, C. M. Fundos especiais e políticas públicas: uma discussão sobre a fragilização do mecanismo de financiamento. *In*: IPEA. *Fundos especiais e políticas públicas*: uma discussão sobre a fragilização do mecanismo de financiamento. Rio de Janeiro: Ipea, 2019. (Série Texto para discussão.) Disponível em: www.ipea.gov.br/portal/images/stories/PDFs/TDs/td_2458.pdf. Acesso em: 9 maio 2023.

BATISTA JÚNIOR, O. A. Reforma tributária não pode servir para aprofundar o desequilíbrio federativo. *ConJur*, São Paulo, 31 ago. 2019. Disponível em: www.conjur.com.br/2019-ago-31/onofre-batista-reforma-tributaria-desequilibrio-federativo. Acesso em: 9 maio 2023.

BRASIL. Agência Nacional de Mineração. *Maiores arrecadadores CFEM*: banco de dados. Brasília: Agência Nacional de Mineração, 2019. Disponível em: https://sistemas.anm.gov.br/arrecadacao/extra/relatorios/cfem/maiores_arrecadadores.aspx. Acesso em: 15 fev. 2021.

BRASIL. [Constituição (1988)] *Constituição da República Federativa do Brasil*. Brasília, DF: Presidência da República, 1988. Disponível em: www.planalto.gov.br/ccivil_03/constituicao/constituicao.htm. Acesso em: 9 maio 2023.

BRASIL. *Decreto Federal nº 6.321, de 21 de dezembro de 2007*. Dispõe sobre ações relativas à prevenção, monitoramento e controle de desmatamento no Bioma Amazônia. Brasília, DF: Presidência da República, 2007. Disponível em: www.planalto.gov.br. Acesso em: 9 maio 2023.

BRASIL. *Lei Complementar nº 63, de 11 de janeiro de 1990*. Dispõe sobre critérios e prazos de crédito das parcelas do produto da arrecadação de impostos de competência dos Estados e de transferências por estes recebidos, pertencentes aos Municípios, e dá outras providências. Brasília, DF: Presidência da República, 1990. Disponível em: www.planalto.gov.br/ccivil_03/leis/lcp/lcp63.htm. Acesso em: 9 maio 2023.

BRASIL. *Lei nº 1.806, de 6 de janeiro de 1956*. Dispõe sobre o Plano de Valorização Econômica da Amazônia, cria a superintendência da sua execução e dá outras providências. Brasília, DF: Presidência da República, 1956. Disponível em: www.planalto.gov.br/ccivil_03/leis/1950-1969/l1806.htm. Acesso em: 9 maio 2023.

BRASIL. *Lei nº 4.320, de 17 de março de 1964*. Estatui Normas Gerais de Direito Financeiro para elaboração e controle dos orçamentos e balanços da União, dos Estados, dos Municípios e do Distrito Federal. Brasília, DF: Presidência da República, 1964. Disponível em: www.planalto.gov.br/ccivil_03/Leis/l4320.htm. Acesso em: 9 maio 2023.

BRASIL. *Lei nº 6.938, de 31 de agosto de 1981*. Instituiu a Política Nacional de Meio Ambiente (PNMA). Brasília, DF: Presidência da República, 1981. Disponível em: www.planalto.gov.br/ccivil_03/Leis/L6938.htm. Acesso em: 9 maio 2023.

BRASIL. Supremo Tribunal Federal. *ADI nº 447*. Na exclusão da incidência estabelecida pelo §3º do art. 155 da Constituição, situa-se a Taxa de Conservação Rodoviária, criada pela Lei 8.155, de 28-12-90, cujo fato gerador é a aquisição de combustível líquido. Relator: Min. Octavio Gallotti, 5 jun. 1991. Disponível em: redir.stf.jus.br/paginadorpub/paginador.jsp?docTP=AC&docID=266357. Acesso em: 9 maio 2023.

BRASIL. Supremo Tribunal Federal (Tribunal Pleno). *ADI nº 1.106*. Constituição Do Estado De Sergipe. ICMS. Parcela Devida Aos Municípios. Bloqueio Do Repasse Pelo Estado. Possibilidade. Relator: Min. Maurício Corrêa, 5 de setembro de 2002. Disponível em: redir.stf.jus.br/paginadorpub/paginador.jsp?docTP=AC&docID=266659. Acesso em: 9 maio 2023.

BRASIL. Supremo Tribunal Federal. *ADI nº 2.421*. Estado de São Paulo. Direito Financeiro. Transferências Constitucionais. Critérios de repasse de impostos estaduais aos municípios. Inexistência de vício de iniciativa legislativa. Matéria de direito financeiro não incluída na iniciativa reservada ao chefe do Poder Executivo. Interpretação conforme à Constituição no tocante a ¼ da quota parte do ICMS destinada aos municípios. Inviabilidade. Exclusão por completo de município da repartição do produto da arrecadação de ICMS. Impossibilidade. Violação à autonomia financeira dos municípios. Transferências constitucionais devem ser pautadas por critérios objetivos, de caráter vinculado, que assegurem a regularidade e previsibilidade dos repasses. Ação direta julgada procedente para declarar a inconstitucionalidade da lei impugnada. Relator: Min. Gilmar Mendes, 20 de dezembro de 2019. Disponível em: redir.stf.jus.br/paginadorpub/paginador.jsp?docTP=TP&docID=752030323. Acesso em: 9 maio 2023.

BRASIL. Supremo Tribunal Federal. *RE nº 138.284.* Constitucional. Tributário. Contribuições Sociais. Contribuições Incidentes Sobre O Lucro Das Pessoas Jurídicas. Relator: Min. Carlos Velloso, 1 de julho de 1992. Disponível em: redir.stf.jus.br/paginadorpub/paginador.jsp?docTP=AC&docID=208091. Acesso em: 9 maio 2023.

BRASIL. Supremo Tribunal Federal. *RE nº 401.953.* Imposto sobre Circulação de Mercadorias – ICMS. Partilha e repasse do produto arrecadado. Art. 158, IV. Par. Único, II, da Constituição Federal de 1988. Legislação Estadual. Exclusão completa de município. Inconstitucionalidade. Relator: Joaquim Barbosa, 16 de maio de 2007. Disponível em: redir.stf.jus.br/paginadorpub/paginador.jsp?docTP=AC&docID=487948. Acesso em: 9 maio 2023.

BÖS, D. Earmarked taxation: welfare versus political support. *Journal of Public Economics,* v. 75, n. 3, p. 439-462, mar. 2000. Disponível em: www.sciencedirect.com/science/article/abs/pii/S0047272799000754. Acesso em: 9 maio 2023.

CARRAZZA, R. A. *Curso de direito constitucional tributário.* 14. ed. rev., ampl. e atual. São Paulo: Malheiros, 2000.

CARVALHO. A. C. *Vinculação de receitas públicas e princípio da não afetação*: usos e mitigações. 2010. 253 f. Dissertação (Mestrado em Direito) – Faculdade de Direito, Universidade de São Paulo, São Paulo, 2010. Disponível em: www.teses.usp.br/teses/disponiveis/2/2133/tde-24022011-091027/pt-br.php. Acesso em: 9 maio 2023.

CHIODI, R. E. *Pagamentos por serviços ambientais*: a produção de água como uma nova função da agricultura familiar na Mata Atlântica do Sudeste brasileiro. 2015. Tese (Doutorado em Ciências) – Centro de Energia Nuclear na Agricultura, Escola Superior Luís de Queiroz, Universidade de São Paulo, São Paulo, 2015. Disponível em: www.teses.usp.br/teses/disponiveis/91/91131/tde-17092015-120339/pt-br.php. Acesso em: 9 maio 2023.

COASE, R. H. The problem of social cost. *The Journal of Law and Economics,* v. 3, p. 1-44, out. 1960. Disponível em: www.law.uchicago.edu/files/file/coase-problem.pdf. Acesso em: 9 maio 2023.

CONTI, J. M. *Federalismo fiscal e fundos de participação.* São Paulo: Juarez de Oliveira, 2001.

COSTA, G. B. et al. ICMS Ecológico no contexto do desenvolvimento sustentável no município de Guarajá-Mirim (RO). *In*: Seminário Internacional sobre Desenvolvimento Regional, 7., Santa Cruz do Sul, Rio Grande do Sul. *Anais* [...]. Santa Cruz do Sul: UNISC, 2015. Disponível em: https://online.unisc.br/acadnet/anais/index.php/sidr/article/view/13430/2597. Acesso em: 9 maio 2023.

DERANI, C.; SOUZA, K. S. S. Instrumentos econômicos na Política Nacional de Meio Ambiente: por uma economia ecológica. *Veredas do Direito,* Belo Horizonte, v. 10, n. 19, p. 247-272, jan./jun. 2013. Disponível em: http://revista.domhelder.edu.br/index.php/veredas/article/view/319. Acesso em: 9 maio 2023.

DERZI, M. A. M.; BUSTAMANTE, T. R. O princípio federativo e a igualdade: uma perspectiva crítica para o sistema jurídico brasileiro a partir da análise do modelo alemão. *In*: DERZI, M. A. M.; BATISTA JÚNIOR, O. A.; MOREIRA, A. M. (Org.). Estado federal e guerra fiscal no direito comparado. v. 2. Belo Horizonte: Arraes Editores, 2015. p. 467-495. (Coleção Federalismo e Tributação.)

DERZI, M. A. M. O princípio da não afetação da receita de impostos e a justiça distributiva. *In*: HORVATH, E.; CONTI, J. M.; SCAFF, F. F. (Org.). *Direito financeiro, econômico e tributário*: estudos em homenagem a Regis Fernandes de Oliveira. São Paulo: Quartier Latin, 2014. p. 627-660.

DIAS, T. C. A. C. *Unidades de Conservação Brasileiras*: investimentos, custos de manejo e potencialidades econômicas. 2013. 101 f. Tese (Doutorado em Biodiversidade Tropical) – Programa de Pós-Graduação em Biodiversidade Tropical, Universidade Federal do Amapá, Macapá, 2013. Disponível em: https://web.archive.org/web/20200322112617/http://www2.unifap.br/ppgbio/files/2012/02/TESE-FINAL-_Teresa-Cristina-Dias.pdf. Acesso em: 9 maio 2023.

DI PIETRO, J. Repartição das receitas tributárias: a repartição do produto da arrecadação. As transferências intergovernamentais. *In*: CONTI, J. M. (Org.). *Federalismo fiscal*. Barueri: Manole, 2004. p. 67-100.

ENGEL, S.; PAGIOLA, S.; WUNDER, S. Designing payments for environmental services in theory and practice: an overview of the issue. *Ecological Economics*, v. 65, n. 4, p. 663-674, maio 2008. Disponível em: www.sciencedirect.com/science/article/abs/pii/S0921800908001420?via%3Dihub. Acesso em: 9 maio 2023.

ENRÍQUEZ, M. A. (Coord.). *Contradições do desenvolvimento e o uso da CFEM em Canaã dos Carajás (PA)*. Rio de Janeiro: Instituto Brasileiro de Análises Sociais e Econômicas (IBASE), 2018. Disponível em: https://web.archive.org/web/20190115165329/http://ibase.br/pt/download/12043. Acesso em: 9 maio 2023.

FONSECA, A. et al. *Boletim do desmatamento da Amazônia Legal (março 2018) Sistema de Alerta de Desmatamento*. Belém: IMAZON, 2018. Disponível em: https://imazon.org.br/publicacoes/boletim-do-desmatamento-da-amazonia-legal-marco-2018-sad. Acesso em: 9 maio 2023.

FONSECA, A. et al. *Boletim do desmatamento da Amazônia Legal (novembro 2019) Sistema de Alerta de Desmatamento*. Belém: IMAZON, 2019. Disponível em: https://imazon.org.br/wp-content/uploads/2020/01/SAD-Novembro2019-scaled.jpg. Acesso em: 9 maio 2023.

FONSECA, C. A.; DRUMMOND, J. A. The payments for environmental services program in Costa Rica: an assessment of the program's early years. *Desenvolvimento e Meio Ambiente*, Curitiba, v. 33, p. 63-80, abr. 2015. Disponível em: https://web.archive.org/web/20180724163107/https://revistas.ufpr.br/made/article/download/37003/25136. Acesso em: 9 maio 2023.

FREITAS, V. P. O pagamento por serviços ambientais e a preservação e gestão de recursos hídricos no Estado do Paraná: *Revista Argumentum*, Marília, v. 18, n. 3, p. 645-663, 2017. Disponível em: http://ojs.unimar.br/index.php/revistaargumentum/article/view/269/242. Acesso em: 9 maio 2023.

FURTADO, J. R. Os regimes de contas públicas: contas de governo e contas de gestão. *Revista do TCU*, Brasília, DF, ano 35, n. 109, maio/ago. 2007. Disponível em: https://portal.tcu.gov.br/biblioteca-digital/revista-do-tcu-n-109-maio-ago-2007.htm. Acesso em: 9 maio 2023.

GIACOMONI, J. Receitas vinculadas, despesas obrigatórias e rigidez orçamentária. *In*: CONTI, J. M.; SCAFF, F. F. (Org.). *Orçamentos públicos e direito financeiro*. São Paulo: Revista dos Tribunais, 2011.

GOMES, E. C. S. Fundamento das transferências intergovernamentais. *Revista do TCU*, Brasília, DF, ano 35, n. 110, set./dez. 2007. Disponível em: https://portal.tcu.gov.br/biblioteca-digital/revista-do-tcu-n-110-set-dez-2007.htm. Acesso em: 9 maio 2023.

GONÇALVES, M. P. *O ICMS ecológico e a gestão ambiental nos municípios da Região Metropolitana de Belém*. 2019. 110 f. Dissertação (Mestrado em Direito, Políticas Públicas e Desenvolvimento Regional) – Centro Universitário do Estado do Pará, Belém, 2019. Disponível em: www.cesupa.br/MestradoDireito/dissertacoes/2019/DISSERTACAO_MAURO_PONTES_GON%C3%87ALVES.pdf. Acesso em: 9 maio 2023.

HARADA, K. *Direito financeiro e tributário*. 21. ed. São Paulo: Atlas, 2012.

HUPFFER, H. M.; WEYERMÜLLER, A. R.; WACLAWOVSKY, W. G. Uma análise sistêmica do princípio do protetor – recebedor na institucionalização de programas de compensação por serviços ambientais. *Ambiente e Sociedade*, Campinas, v. 14, n. 1, p. 95-114, jan./jun. 2011. Disponível em: www.scielo.br/scielo.php?script=sci_arttext&pid=S1414-753X2011000100006. Acesso em: 9 maio 2023.

IBGE. *Divisão regional do Brasil em regiões geográficas imediatas e regiões geográficas intermediárias*. Rio de Janeiro: IBGE, 2017. Disponível em: ibge.gov.br/apps/regioes_geograficas. Acesso em: 9 maio 2023.

IBGE. *Perfil dos municípios brasileiros 2017*. Rio de Janeiro: IBGE, 2018. Disponível em: https://biblioteca.ibge.gov.br/index.php/biblioteca-catalogo?view=detalhes&id=2101595. Acesso em: 9 maio 2023.

IBGE. *População*. Rio de Janeiro: IBGE, 2020. Disponível em: https://cidades.ibge.gov.br/brasil/panorama. Acesso em: 9 maio 2023.

IBGE. *Síntese de Indicadores Sociais*: uma análise das condições de vida da população brasileira. Rio de Janeiro: IBGE, 2018. Disponível em: https://biblioteca.ibge.gov.br/index.php/biblioteca-catalogo?view=detalhes&id=2101629. Acesso em: 9 maio 2023.

IGREJA, R. O Direito como objeto de estudo empírico: o uso de métodos qualitativos no âmbito da pesquisa empírica em Direito. *In*: MACHADO, M. R. (Org.). *Pesquisar empiricamente o Direito*. São Paulo: Rede de Estudos Empíricos em Direito, 2017.

LÉVÊQUE, F. Externalities, public goods and the requirement of a state's intervention in pollution abatement. *In*: Conference Economics and Law of Voluntary Approaches in Environmental Policy, 1996, Venice. *Annals* […]. Venice: École Nationale Supérieure des Mines de Paris, 1996. Disponível em: www.feem.it/m/publications_pages/NDL1997-020.pdf. Acesso em: 14 fev. 2021.

LOUREIRO, W. *Contribuição do ICMS ecológico na conservação da biodiversidade no estado do Paraná*. 2002. Tese (Doutorado em Economia e Política Florestal) – Universidade Federal do Paraná, Paraná, 2002. Disponível em: www.floresta.ufpr.br/pos-graduacao/seminarios/wilson/contribuicao_do_icms.pdf. Acesso em: 9 maio 2023.

LOUREIRO, W. ICMS ecológico: a oportunidade do financiamento da gestão ambiental municipal no Brasil. *In*: TATAGIBA, F. C. P.; LEME, T. N. (Coord.). *Fontes de recursos financeiros para gestão ambiental pública*: cenários e estratégias de captação para o funcionamento de fundos socioambientais. Brasília: Rede Brasileira de Fundos Socioambientais, 2008.

MALHOTRA, N. *Pesquisa de marketing*: uma orientação aplicada. 4. ed. Porto Alegre: Bookman, 2006.

MARINS, D. V.; OLIVEIRA, G. G. V. Federalismo fiscal e competição financeira entre municípios pela participação na arrecadação do ICMS. *In*: BOLONHA, C.; LIZIERO, L.; SEPÚLVEDA, A. (Org.). *Federalismo*: desafios contemporâneos. Porto Alegre: Fi, 2019.

MARTINHO, M. S. A tributação meio ambiente e tributação nas perspectivas brasileira e portuguesa: fundamentos para uma fiscalidade ambiental no Brasil. *Revista do Instituto do Direito Brasileiro*, ano 2, n. 13, p. 15271-15303, 2013. Disponível em: www.cidp.pt/revistas/ridb/2013/13/2013_13_15271_15303.pdf . Acesso em: 9 maio 2023.

MENDES, M.; MIRANDA, R. B; COSIO, F. B. *Transferências intergovernamentais no Brasil*: diagnóstico e proposta de reforma. Brasília, DF: Consultoria Legislativa do Senado Federal, 2008. Disponível em: www.senado.gov.br/conleg/textos_discussao.htm. Acesso em: 9 maio 2023. (Série Texto para Discussão, n. 40.)

MONTERO, C. E. P. *Tributação ambiental*: reflexões sobre a introdução da variável ambiental no sistema tributário. São Paulo: Saraiva, 2014.

MOURA, A. S. Imposto sobre Circulação de Mercadorias e Serviços Socioambiental: incentivos institucionais e legislação ambiental no Brasil. *Revista de Administração Pública*, Rio de Janeiro, v. 49, n. 1, p. 165-188, jan./fev. 2015. Disponível em: www.scielo.br/scielo.php?pid=S0034-76122015000100165&script=sci_abstract&tlng=pt. Acesso em: 9 maio 2023.

MURADIAN, R. et al. Reconciling theory and practice: An alternative conceptual framework for understanding payments for environmental services. *Ecological Economics*, v. 69, n. 6, p. 1202-1208, abr. 2010. Disponível em: www.sciencedirect.com/science/article/abs/pii/S0921800909004558. Acesso em: 9 maio 2023.

NABAIS, J. C. *Dever fundamental de pagar impostos*. Coimbra: Almedina, 1998.

NUNES, S. G. S.; SERRANO, A. C. A. P. O município na história das constituições do Brasil de 1824 a 1988. *Cadernos Jurídicos*, São Paulo, ano 20, n. 52, p. 153-168, nov./dez. 2019. Disponível em: www.tjsp.jus.br/download/EPM/Publicacoes/CadernosJuridicos/cj_n52_10_1_municipio_historia.pdf?d=637123723412960063. Acesso em: 9 maio 2023.

NUSDEO, A. M. Pagamento por serviços ambientais: do debate de política ambiental à implementação jurídica. *In*: LAVRATTI, P.; TEJERO, G. (Org.). *Direito e mudanças climáticas*: pagamento por serviços ambientais, fundamentos e principais aspectos jurídicos. São Paulo: Instituto O Direito por um Planeta Verde, 2013. p. 8-45.

OLIVEIRA, A. C. *ICMS ecológico e desenvolvimento: análise dos Estados de Rondônia, Tocantins, Ceará e Pará*. 2014. 228 f. Dissertação (Mestrado em Direito, Políticas Públicas e Desenvolvimento Regional) – Centro Universitário do Estado do Pará. Belém, 2014. Disponível em: www.cesupa.br/MestradoDireito/dissertacoes/Adriano%20 Carvalho%20ICMS%20ECOL%C3%93GICO%20E%20DESENVOLVIMENTO%20-%20 AN%C3%81LISE%20DOS%20ESTADOS%20DE%20RO.pdf. Acesso em: 9 maio 2023.

OLIVEIRA, J. M. D. *Direito tributário e meio ambiente*. 3. ed. Rio de Janeiro: Forense, 2007.

OLIVEIRA, R. F. *Curso de direito financeiro*. 2. ed. São Paulo: Revista dos Tribunais, 2008.

OLIVEIRA, R. F. *Curso de direito financeiro*. 3. ed. São Paulo: Revista dos Tribunais, 2010.

ORAIR, R.; GOBETTI, S. W. Governo gastador ou transferidor?: um macrodiagnóstico das despesas federais no período de 2002 a 2010. *In*: IPEA (Org.). *Brasil em desenvolvimento*: Estado, planejamento e políticas públicas. Brasília, DF: Ipea, 2010. Disponível em: http:// repositorio.ipea.gov.br/bitstream/11058/3739/3/GovernoG.pdf. Acesso em: 9 maio 2023.

PAGIOLA, S.; VON GLEHN, H; TAFFARELLO, C. (Org.). *Experiências de pagamentos por serviços ambientais no Brasil*. São Paulo: SMA/CBRN, 2013.

PAIVA SOBRINHO, R. et al. Tecnologia blockchain: inovação em pagamentos por serviços ambientais. *Estudos Avançados*, São Paulo, v. 33, n. 95, jan./abr. 2019. Disponível em: www.scielo.br/scielo.php?script=sci_arttext&pid=S0103-40142019000100151&lng=e n&nrm=iso. Acesso em: 9 maio 2023.

PAIVA SOBRINHO, R.; ROMEIRO, A. R. *Moedas complementares para solucionar problemas socioecológicos? O caso do sustento*. Campinas: IE/Unicamp, 2015. Disponível em: www. eco.unicamp.br/images/arquivos/artigos/3388/TD253.pdf. Acesso em: 9 maio 2023. (Série Texto Para Discussão, n. 253.)

PARÁ. Edital de notificação nº 6.015/2019/6ª Controladoria. *Processo nº 201903904-00*. Diário Oficial Eletrônico do Tribunal de Contas dos Municípios do Estado do Pará, Belém, ano II, n. 606, p. 1, 20 ago. 2019. Disponível em: http://tcm.ioepa.com.br/diarios/2019/2019.08.20. DOE.pdf. Acesso em: 9 maio 2023.

PARÁ. *Decreto nº 775, de 26 de junho de 2013*. Regulamenta a Lei Estadual nº 7.638, de 12 de julho de 2012. Disponível em: www.semas.pa.gov.br/legislacao/normas/view/421. Acesso em: 9 maio 2023.

PARÁ. *Decreto nº 1.696, de 7 de fevereiro de 2017*. Revoga o Decreto Estadual nº 775, de 26 de junho de 2013, dando nova regulamentação a Lei Estadual nº 7.638, de 12 de julho de 2012. Disponível em: www.semas.pa.gov.br/legislacao/files/pdf/507.pdf. Acesso em: 9 maio 2023.

PARÁ. *Lei nº 7.638, de 12 de julho de 2012*. Dispõe sobre o tratamento especial de que trata o §2º do art. 225 da Constituição do Estado do Pará. Disponível em: sefa.pa.gov.br/ legislacao/interna/lei/lp2012_07638.pdf. Acesso em: 9 maio 2023.

RECH, A. U. O valor econômico e a natureza jurídica dos serviços ambientais. *In*: RECH, A. U. (Org.). *Direito e Economia Verde*: natureza e aplicações práticas do pagamento por serviços ambientais, como instrumento de ocupações sustentáveis. Caxias do Sul: Educs, 2011.

REIS, E. F. *Federalismo fiscal*. Belo Horizonte: Mandamentos, 2000.

RENNÓ, C.; REIS, N. [*S. l.: s. n.*], 2021. *Canção pra Amazônia*. 1 vídeo (11:46 min). Publicado pelo canal Greenpeace. Disponível em: https://youtu.be/yE1PENHOpDQ. Acesso em: 9 maio 2023.

REZENDE, F. et al. *Desafios do federalismo fiscal*. Rio de Janeiro: Fundação Getulio Vargas, 2006.

ROSA, J. R. A. M. *A dinâmica territorial da mesorregião do sudeste paraense no início do século XXI*: uma proposta de tipologia para municípios de fronteira. 2011. Dissertação (Mestrado em Geografia) – Universidade Federal de Pernambuco, Recife, 2011. Disponível em: https://repositorio.ufpe.br/bitstream/123456789/6540/1.pdf. Acesso em: 9 maio 2023.

ROSERO-BIXBY, L.; POLONI, A. Population and deforestation in Costa Rica. Population and Environment. *Population and Environment*, v. 20, n. 2, p. 149-185, nov. 1998. Disponível em: https://ccp.ucr.ac.cr/documentos/portal/publicaciones/Articulos_cientificos/lrosero-population_deforestationCR.pdf. Acesso em: 9 maio 2023.

SALES, J. B. *Transferências Intergovernamentais*: a desigualdade na repartição da cota-parte do ICMS no Pará – 1998 a 2008. Brasília: ESAF, 2010. Disponível em: http://sisweb.tesouro.gov.br/apex/cosis/monografias/obtem_monografia/228. Acesso em: 9 maio 2023. (Série Tópicos Especiais de Finanças Públicas, Tema IV.)

SAVARD, J.-F.; BANVILLE, R. Federalism and Federation. *In*: CÔTÉ, L.; SAVARD, J.-F. (Ed.) *Encyclopedic dictionary of Public Administration*. Québec: École Nationale d'Administration Publique (Canadá), 2010. Disponível em: https://dictionnaire.enap.ca/Dictionnaire/63/Index_by_word.enap?by=word&id=51. Acesso em: 9 maio 2023.

SANTOS, V. M. A economia do sudeste paraense: evidência das transformações estruturais. *In*: MONTEIRO NETO, A.; CASTRO, C. N. de; BRANDÃO, C. A. *Desenvolvimento regional no Brasil*: políticas estratégias e perspectivas. Rio de Janeiro: IPEA, 2017. Disponível em: www.ipea.gov.br/portal/images/stories/PDFs/livros/livros/20170213_livro_desenvolvimentoregional.pdf. Acesso em: 9 maio 2023.

SCAFF, F. F. et al. (Org.). *Federalismo (s)em juízo*. São Paulo: Noeses, 2019.

SCAFF, F. F. Liberdade do legislador orçamentário e não afetação: captura *versus* garantia dos direitos sociais. *Revista Fórum Direito Financeiro e Econômico,* Belo Horizonte, ano 5, n. 8, p. 165-181, set./fev. 2016.

SCAFF, F. F. Não é obrigado a gastar: vinculações orçamentárias e gastos obrigatórios *ConJur*, São Paulo, 17 maio 2016. Disponível em: www.conjur.com.br/2016-mai-17/contas-vista-vinculacoes-orcamentarias-gastos-obrigatorios. Acesso em: 9 maio 2023.

SCAFF, F. F. *Orçamento republicano e liberdade igual*: ensaios sobre direito financeiro, república e direitos fundamentais no Brasil. Belo Horizonte: Fórum, 2018.

SCAFF, F. F. *Royalties do petróleo, minério e energia*: aspectos constitucionais, financeiros e tributários. São Paulo: Revista dos Tribunais, 2014.

SCAFF, F. F. Surge o orçamento impositivo à brasileira pela Emenda Constitucional 86. *ConJur*, São Paulo, 24 mar. 2015. Disponível em: www.conjur.com.br/2015-mar-24/contas-vista-surge-orcamento-impositivo-brasileira-ec-86. Acesso em: 9 maio 2023.

SCAFF, F. F.; TUPIASSU, L. V. C. Tributação e Políticas Públicas: o ICMS Ecológico. *In*: TÔRRES, H. T. (Org.). *Direito Tributário Ambiental*. São Paulo: Malheiros, 2005. p. 724-748.

SEMAS divulga valores monetários do ICMS Verde repassados aos municípios. *SEMAS*, Belém (PA), 14 fev. 2017. Disponível em: www.semas.pa.gov.br/2017/02/14/semas-divulga-valores-monetarios-do-icms-verde-repassados-aos-municipios. Acesso em: 15 fev. 2021.

SILVA, M. S. Teoria do federalismo fiscal: notas sobre as contribuições de Oates, Musgrave, Shah e Ter-Minassian. *Revista Nova Economia*, v. 15, n. 1, p. 111-137, jan./abr. 2005. Disponível em: https://revistas.face.ufmg.br/index.php/novaeconomia/article/view/447/444. Acesso em: 9 maio 2023.

SILVA, F. C.; SILVA, L. de J. M. História regional e participação social nas mesorregiões paraenses. *Papers do NAEA*, n. 226, 2008.

SOARES, C. D. *O imposto ambiental*: direito fiscal do ambiente. Coimbra: Almedina, 2002.

SONEGHET, A. B.; SIMAN, R. R. Fundos ambientais como ferramenta de gestão municipal. *Ambiência Guarapuava (PR)*, v. 10, n. 1, p. 135-146, jan./abr. 2014. Disponível em: https://revistas.unicentro.br/index.php/ambiencia/article/view/2358. Acesso em: 9 maio 2023.

TABOADA, C. P. El principio "quien contamina paga" y el principio de capacidad económica. *In*: TORRES, H. T. *Direito Tributário Ambiental*. São Paulo: Malheiros, 2005.

TERRA, D. C. T.; SOUZA, J.; FERNANDES, L. C. Federalismo no Brasil e o debate sobre o rateio das receitas do petróleo. *Revista de Ciências Sociais*, Fortaleza, v. 45, n. 2, p. 185-209, jul./dez. 2014. Disponível em: www.rcs.ufc.br/edicoes/v45n2/rcs_v45n2a9.pdf. Acesso em: 9 maio 2023.

TER-MINASSIAN, T. Intergovernmental fiscal relations in a macroeconomic perspective: an overview. *In*: TER-MINASSIAN, T. (Ed.). *Fiscal federalism in theory and practice*. Washington: International Monetary Fund (IMF), 1997.

TRINDADE JÚNIOR, S.-C. C.; SILVA, E. J.; TAVARES, M. G. C. *Atlas escolar*: espaço geo-histórico e cultural. João Pessoa: Grafset, 2014.

TUPIASSU, L. V. C. A complexidade normativa do direito fundamental ao meio ambiente. *In*: BASTOS, E. A. V.; TUPIASSU, L. V. C.; CICHOVSKI, P. B. (Org.). *Constitucionalismo e direitos fundamentais*. São Paulo: Método; Belém: Cesupa, 2014.

TUPIASSU, L. V. C. *Tributação ambiental*: a utilização de instrumentos econômicos e fiscais na implementação do direito ao meio ambiente saudável. Rio de Janeiro: Renovar, 2006.

TUPIASSU, L. V. C.; GROS-DÉSORMEAUX, J.-R.; FADEL, L. P. S. L. ICMS Ecológico e desmatamento nos municípios prioritários do estado do Pará. *Revista Direito GV*, São Paulo, v. 15. n. 3, 2019. Disponível em: www.scielo.br/scielo.php?script=sci_arttext&pid=S1808-24322019000300202&lng=en&nrm=iso. Acesso em: 9 maio 2023.

TUPIASSU, L. V. C.; MENDES NETO, J. P. Taxas de fiscalização de recursos minerais e a competência federativa. *In*: SCAFF, F. F. et al. (org.). *Federalismo (s)em juízo*. São Paulo: Noeses, 2019. p. 817-838.

TUPIASSU, L. V. C.; OLIVEIRA, A. C. ICMS Verde para a redução do desmatamento amazônico: estudo sobre uma experiência recente. *Veredas do Direito*, Belo Horizonte, v. 13, n. 25, p. 277-306, 2016. Disponível em: http://revista.domhelder.edu.br/index.php/veredas/article/view/595. Acesso em: 9 maio 2023.

WUNDER, S. *Pagos por servicios ambientales*: principios básicos esenciales. Jacarta: Centro Internacional de Investigación Forestal, 2005. Disponível em: www.cifor.org/publications/pdf_files/OccPapers/OP-42S.pdf. Acesso em: 9 maio 2023.